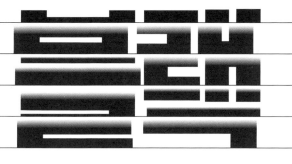

블랙리스트가 있었다

블랙리스트가 있었다

헌법 정신과 문화의 가치를 다시 생각하다

김석현·정은영 지음

위즈덤하우스

차례

2부 국가와 문화 그리고 민주주의

3부 예술의 자유를 향한 여정

4부 문화국가로 가는 길

프롤로그

우리가 블랙리스트를 기억해야 하는 이유

2017년 대한민국은 유난히 긴 겨울을 보냈다. 시간은 모든 사람에게 물리적으로 동일하게 체험되지 않는다. 광화문에서 날마다 촛불을 들었던 이들이나 문화예술계 블랙리스트에 항의하며 텐트를 쳐야 했던 사람들에게 겨울은 더욱 길어서 너무도 따뜻한 봄이 기다려지는 인고의 시간이었을 것이다. 문화예술 행정과 정책을 통해 세상을 더 아름답게 만들 수 있다는 믿음을 가진 우리 같은 이들에게도 마찬가지였다.

박근혜 정부가 출범하면서 대한민국 역사상 최초로 '문화융성'이라는 단어가 국정 기조에 등장했다. 문화 관련 일에 종사하는 많은 사람들이 환호했다. 그런데 그 환호는 곧 시름으로 바뀌었고, 수십 년 계속되었던 문화 발전의 흐름도 멈추었다. 대한민국의 문화예술 행정이 최순실과 차은택으로 대표되는, 공적 권한이 없는 사적 인물들에 의해 좌지우지되었다. 그들은 문화예술 행정 조직을 무력화시키고 자신들의 사적 이익 추구에 복무시켰다. 헌법적 가치에 위배되는 블랙리스트 사건에 문화융성의 국정 기조는 사문화되었다. 그 멈춤의 시간 속에서 우리는 이 책을 쓰게 되었다. 아프지만 고단했던 그 겨울을 기억하고, 새로운 봄을 다시 맞고 싶었다. 우리 문화 공동체가 믿어왔던 가치의 무엇이 훼손되었는지, 어디서부터 실타래가 헝클어져버린 것인지, 그리고 어디서부터 실마리를 풀어야 할지 생각을 곱씹는 시간이었다. 헌법을 들여다보고, 문화예술에 대한 법률들을 다시 훑었다. 그러한 노력의 시간을 통해 새로운 봄, 우리가 무엇부터 시작해야 할지 자연스럽게 알아갈 수 있으리라 믿었기 때문이다.

블랙리스트, 이른바 '예술가 지원 배제 명단'을 일컫는 말이다. 블랙리스트 사건은 박근혜 정부 청와대, 문화체육관광부(문체부), 소관 공공 기관이 1만여 명에 가까운 명단을 만들어 이들을 예술가 지원 사업에서 배제한, 문화예술계의 어두운 역사로 기록될 사건이다. 오래전부터 문화예술인들은 블랙리스트가 작동되고 있다고 의심해왔고 당시 야당 정치인들은 국회라는 공론의 장에서 이 문제를 지속적으로 거론했지만 정부는 블랙리스트의 존재 자체를 부인해왔다. 모든 감추어진 것들이 촛불 정국 속에서 하나둘 밝혀지고 나서야 정부는 블랙리스트의 존재를 시인했고 문화예술인들에게 때늦은 사과를 했다. 아직 그 전모가 밝혀지지 않은 이 사건은 현재 문체부 산하 민관 합동 '블랙리스트 진상 조사 및 제도 개선위원회'가 구성되어 조사하고 있다.

블랙리스트는 우리 공동체가 지켜왔던 믿음과 신념을 배반했다. 지원 배제의 잣대로 사용된 '좌파', '야당 지지', '세월호 시국 선언' 등은 국가 안전보장이나 질서유지 등 자율적 심사 과정에서 적용되어야 할 기준과도 무관한 것으로 그 합리성 또한 인정될 수 없는 것들이었다. 정치권력은 블랙리스트를 작성하고 기호에 따라 지원금을 차별함으로써 결과적으로 헌법과 법률이 보장하고 있는 문화 표현과 활동에서 차별받지 않을 권리를 심각하게 침해했다. 정치권력의 기호에 따른 지원 배제는 건전한 비판을 담은 창작 활동을 제약할 수 있기 때문에 검열을 금지하는 헌법 정신과도 어긋난다.

블랙리스트가 작동하던 그 시절의 내부자로서 기억의 편린을 불러냈다. 문체부라는 조직이 작지 않기 때문에 속속들이 사정을 알 수는 없다. 블랙리스트는 비밀이었고 동료로서 묻는 것조차 금기였다. 행정부와 국회에서 예술 정책 업무를 주로 해왔기 때문에 문화예술계의 사정을 이해하는 것은 어렵지 않았다. 여기 기록된 모든 기억은 '라쇼몽'적이라 각자의 경험과 지식 체계 속에서 사건이 구성된 것일 수 있다.

세상은 박근혜 정부 시절 문체부를 국정농단의 주 무대로 기억한다. 장관 2명과 차관 2명이 이 문제로 구속되었다. 이 책에는 문체부에 대한 애증이 공존한다. 2016년에서 2017년으로 가는 시간 속에서, 우리조차 상상하지 못했던 사실들이 연일 국회에서 밝혀지고 언론에 대서특필되는 순간, 냉탕과 온탕을 넘나들 듯 몸이 앓았다. 우리가 살아가는 조직과 동료들은 왜 그래야만 했을까. 스피노자가 말했던가, 고통스러운 감정은 우리가 그것을 명확하게 묘사하는 바로 그 순간 고통이기를 멈춘다고. 블랙리스트로 쏠려간 조직의 시간을 다시 붙들어 모종의 의미가 되는 순간을 만들어야 했다. 사력을 다해 그 순간에 의미를 부여해야 했다. 그렇게 땅을 짚고 일어서 조직에 대한 사랑, 문화국가를 향한 열정을 회복하고 싶었다.

이 책에서 우리는 박근혜 정부의 블랙리스트 사건을 포함하여 우리 문화예술 현장에서 벌어진 중요한 사건들을 우리나라의 근간이 되는 법적 기본 질서이자 사회생활의 공동 규범 체계라 할 수 있는 헌법 조문들과 연관 지어 살펴볼 것이다. 헌법은 한 사회의 고유한 역사적 관계와 함께 환경, 상황 등과 밀접하게 연관되어 형성되며, 이에 맞는 이념 또는 가치 질서를 지니고 있다. 헌법은 대한민국이라는 국가와 그 국민이 합의한 최고의 가치이자 질서이다. 문화예술 현장에서 벌어졌던 많은 문제들은 헌법상의 가치를 잊었기 때문에 생겨난 것이었다. 그 헌법적 가치로 다시 돌아가는 것이 폐허가 된 문화융성의 꿈을 새롭게 복원하는 핵심이다.

우리는 헌법의 틀 내에서 어떻게 개별 문화예술법이 탄생했는지, 그 법들이 현실에서 발생하는 문화예술 사안들과 어떻게 관계 맺고 있는지, 그리고 궁극적으로 문화예술 현장이 어떻게 헌법적 질서로 재구성되는지를 살펴볼 것이다. 그 과정에서 김대중 정부의 일본 대중문화 개방, 스크린쿼터제를 둘러싼 공방, 영화 〈오! 꿈의 나라〉와 음반 〈92년 장마, 종로에서〉가 촉발시킨 검열 철폐, 마광수 교수의 《즐거운 사라》와 신학철 작가의 〈모내기〉 논란, 문화권·문화다양성이라는 인권 개념의 대두, 문화바우처와 문화예술 교육이 열어젖힌 문화복지의 세계, 블랙리스트 사건 등 우리 시대가 걸어온 문화예술의 시간들을 현재에 호출할 것이다.

성서에는 팔레스타인 높은 곳에 위치해 난공불락의 성으로 불린 예루살렘 성이 바벨론 침략으로 완전히 파괴되고 주민들이 포로로 잡혀가는 사건이 기록되어 있다. 2017년 초겨울 문화예술 현장은 함락되어 불타버린 예루살렘 성처럼 공허했다. 문화예술 분야에서 일하는 사람들은 고단한 마음의 계절을 보냈다. 지난 정부에서 벌어진 일들에 대한 책임에서 문화예술 행정인 누구도 자유로울 수 없었다. 그러나 자괴감 속에만 빠져 있기에는 아름다운 문화국가 건설이라는 이상이 별빛처럼 너무도 밝다. 이 책은 그 고민들의 기록이자 결과물이다.

헌법 가치를 지키자는 촛불 시민의 목소리 속에서 문화예술 행정인들의 반성도 시작되었다. 새롭게 문화 행정의 가치를 복원하고 문화국가의 꿈을 제 궤도로 돌려놓아야 했다. 헌법을 다시 꺼내 읽고 헌법재판소 판결례와 외국의 사례들을 찾아가면서 새로운 변화의 길을 모색했다. 이 책을 쓰는 동안 이화여자대학교 정책과학대학원에서 '문화예술법' 강의를 할 수 있는 기회가 있었다. 대학에서 음악과 미술, 무용, 패션을 전공한 젊은 친구들과 대화하며 문화예술 정책에 대한 문제의식을 다시 날카롭게 할 수 있었고, 그들의 신뢰와 응원은 이 책을 마무리하는 지치지 않는 힘과 동기가 되었다. 감사를 전한다. 갈 길 잃은 원고에 눈길을 주고, 의미를 부여해준 위즈덤하우스 출판사에도 감사를 전한다. 특히 예술과 글 그리고 시대를 읽는 편집자의 매서우면서도 따뜻한 눈이 없었으면 이 책은 존재하지 않았다. 그 인도를 믿고 세상으로 흐르는 강을 건널 수 있었다.

이 책에는 두 사람의 고민이 한데 섞여 있다. 한 사람은 행정부에, 한 사람은 국회에 근무했다. 생각도 달랐고, 입장도 달랐고, 글쓰기의 결도 달랐다. 블랙리스트와 국정농단 사건이 문화예술 관련 공적 조직에 몸담고 있는 구성원들에게 어떤 감정과 행동을 갖게 했는지 밝히는 것도 나쁘지 않겠다 생각했다. 여러 글들이 일관되지 못하고 물과 기름처럼 섞이지 못할 수 있다. 독자들에게 혼란을 준다면 면목 없는 일이다. 다만 다양한 관점에서 문화예술 현장을 이해하는 것도 필요할 수 있겠다는 생각에서 글들 사이의 내재적 충돌 또한 감수키로 했다. 서로의 고민이 시간의 흐름 속에 빛바래지 않도록, 부족하고 부끄러울지라도 무모하게 발언하는 길을 택했다. 그 발언이 설익고 풍성하지 못할지라도 시간을 놓치고 무기력한 것보다 백배, 천배 더 낫다고 생각했다.

많은 문체부 공무원들, 공공 기관 직원들이 감사원 감사를 받고, 블랙리스트와 국정농단 재판의 참고인과 증인으로 불려 다니는 일들이 계속되고 있다. 물론 이 일이 다 끝난 후에도 국민들, 공무원들, 문화예술 분야 종사자들, 예술가들의 마음속에 블랙리스트의 여운은 계속 남을 것이다. 누군가에게는 문체부 공무원으로서의 자부심과 명예의 빼앗김일 것이며, 누군가에게는 예술가로 살아가는 삶의 교훈일 것이며, 또 누군가에게는 부끄러움과 자괴감이 뒤엉킨 트라우마와 상처일 것이다.

아우슈비츠에 쓰인 글처럼 "기억은 희망이고 망각은 또 다른 방랑의 시작이다. 기억해야 아픈 역사를 극복할 수 있다"고 생각했다. 이 글이 없었으면 잊힐 수도 있는 동료들의 아픈 기억이었을 터인데, 다시금 상기하는 우리를 용서하지 마시라. 조직과 개인의 문제로 돌아와서, 조직 구성원이기 이전에 '독립적 인격'으로서 우리는 마땅히 자율적으로 판단하고 행위하면서 살았으면 좋겠다고 생각했다. 헨리 데이비드 소로는 말했다. "나는 누구에게 강요받으려고 태어나지 않았다. 내 방식대로 살아가리라"고.

2017년 1월 13일 추운 겨울날, 블랙리스트에 항의하여 블랙리스트 버스를 타고 세종시까지 내려왔던 예술가들의 절규가, 행정부를 감시하고 견제하는 역할을 하는 국회는 무엇을 하고 있었느냐며 전화로 항의하던 시민들의 분노가 여전히 귓가를 때린다. 이 책은 그날의 현장에 있었던 예술가들과 블랙리스트에 분노하여 국회의 역할을 강조하던 시민들에게 내어놓는 참회의 글이기도 하다. 그날 미안하다는 말조차 건네지 못한 참담함과 비겁함에 대한 고백을, 늦었지만 이 책으로 건넨다. 그날의 수고롭고 무거운 짐을 조금은 내려놓을 수 있게 되었다.

2018년 2월

김석현·정은영

블랙
리스트의
추억

문화예술 행정의 존재 이유

내가 살고 있는 곳은 세종시다. 몇 년 전 스무 해를 살아왔던 정든 서울을 떠나 세종시로 내려왔다. 조선시대 세종 임금께서 여진으로부터 4군 6진을 지키기 위해 강제적으로 백성을 이주시키는 사민 정책을 쓰셨다는 이야기를 국사책에서 배웠지만, 나 역시 '행정수도 이전'에 따른 신新사민 정책으로 연고 하나 없는 물설고 낯선 이곳 세종에 '유배 아닌 유배'를 올 줄 그때는 미처 몰랐다. 가족과 헤어져 살아야 하고, 일주일에 한두 번 세종과 서울을 오고가는 강행군에 몸이 힘들어도, 국가의 결정에 복종해야 하는 공무원이라는 신분으로 불평은 할지언정 저항은 하지 않는다.

15년 전 행정고시에 합격하여 과천의 중앙공무원교육원에서 박정희 대통령의 '내 일생 조국과 민족을 위하여'가 적힌 돌비석을 보며, 그 과도한 애국주의적 공직관이 철 지난 슬로건이라 생각하면서도, 공직을 소명으로 생각하며 살아왔다. 공무원으로서의 내 애국심은 어릴 적 위인전을 읽던 시절에 형성되었다. 성웅 이순신, 충신 정몽주, 열사 안중근 등 그분들의 나라에 대한 사랑은 어린 감성을 적셨고, 그때부터 국가를 국민의 충성과 희생을 받기에 마땅한 '절대선의 존재'로 인식했다. 그런데 고등학교 시절 토머스 홉스Thomas Hobbes의 '리바이어던Leviathan'으로서의 국가를 접하면서 국가의 우선적 임무가 사회 내의 무질서와 범죄, 외부의 침략으로부터 시민의 생명과 안전을 지키는 것이며 그 힘의 원천이 물리적 폭력이라는 것을 어렴풋이 인식하게 되었다.

국가에 대한 나의 인식에 코페르니쿠스적 전환을 가져왔던 시기는 대학 시절이다. 부르주아의 이익을 폭력적으로 강제하는 기구로서 국가에 대한 고민이 이때 시작되었다. 당시 나에게 국가를 유지하는 경찰과 군대, 행정부와 사법부는 국가의 정의롭지 않은 이익에 부역하는 기구일 따름이었다. 폭력적 국가 이익에 동조할 수 없다는 절박한 명분으로 입대를 하지 않기 위해 필사적인 체중 감량을 시도한 과 동기는 마냥 믿음직스러웠고, 우리에게 행정 공무원이나 사법 공무원이 되어 국가 안으로 들어가는 것은 언감생심이었다. 국가의 당파성과 억압성에 대한 이 시절의 각성은 세월이 흐르면서 부침을 겪었지만, 내 주어진 삶에 대해 늘 의심하는 데카르트적 회의를 가능케 했다는 점에서, 어쩌면 삶의 축복이었는지도 모른다.

1990년대 소련, 동독 등 현실의 사회주의국가가 몰락하면서

'역사적 유물론'이 말 그대로 '역사적' 유물론이 되었다. 우리나라에서도 문민정부가 등장했고, 여야 정권 교체로 국민의 정부가 들어서면서 부르주아의 이익에 복무하는 폭력적 국가에 대한 관념이 옅어지기 시작했다. 국가에 대한 경계심을 조금씩 풀게 되었고, 삶의 곡절을 겪으며 국가를 통해 무언가 할 수 있지 않을까 '당돌한' 생각을 하게 되었다. 그렇게 공무원 시험을 보았고, 공무원이 되었다.

15년차 공무원의 고민

보수 정부나 진보 정부나 '국가의 본질'이 변하는 것은 아니라는 회의가 없지는 않았다. 하지만 관점과 이해관계가 다원화된 우리 사회에서 정치적 중립성의 의무를 벗 삼아 사실의 힘에 귀를 기울이고 해답을 찾는 실사구시實事求是적 태도만이 생명력을 유지할 수 있다 생각하며 공무원 생활에 적응해갔다.

　　10여 년 살아낸 중앙 부처 사무관 자리는 만만치 않았다. 국회와의 관계에서 우리는 늘 '을'로서 행동해야 했고, 조직으로부터 지시 사항이 내려오면 사무관으로서 임무를 완수하기 위해 평일 밤과 주말을 국가에 봉사하며 살았다. 일주일 만에라도 정책을 만들어낼 수 있을 정도로, 그렇게 우리의 순발력은 단련되어갔다. 내가 경험한 대한민국 공직 사회는 언론에서 비판하듯 탁상행정의 폐해로 가치의 빈곤과 구체성 부족을 드러내기는 했지만 계속 바꿔야한다는 변화의 욕구가 의외로 잘 작동하는 곳이었다. 이러한 공직 사회의 힘이 짧은 시간에 경제 발전과 민주주의를 달성한 대한민국의 역동성을 견인할 수 있었다고 믿는다.

청사에서 동고동락했던 상사들이 어느 날 내부 메일로 이임 인사를 할 때, 가끔 페이스북에 퇴직 이후의 소소한 일상을 전할 때, 나의 공직 생활 또한 얼마 남지 않았음을 생각하게 된다. 어쩌면 내가 사무관으로 살아온 시간, 딱 그만큼이 지금 나에게 공직자로서 허락된 시간일 것이다. 내가 앞으로 살아갈 시대는 70, 80년대식의 큰 정부, 행정국가의 시대는 아닐 것이다. 예전에 비해 권한도 많지 않고 혜택도 변변치 않을 수 있다. 그럼에도 공공을 위해 일을 한다는 것이 내게 얼마나 행복하고 명예로운 일인가. 먼 훗날 이 빛나는 순간들을 하염없이 그리워하지 않을까?

그러나 가끔 나에게 남은 그 시간들이 두렵기도 하다. 변혁가적 리더십이 필요한 시점에, 사회의 물꼬를 돌리는 '통 큰 정책'이 아니라 사소한 것에 연연하는 '속 좁은 행정'을 하지 않을까 걱정이 된다. 솔직히 고백하건대, 관료제 시스템에서 행정형, 관리형 리더십으로 한평생 살아온 내가 혁신가적, 변혁가적 리더십을 발휘한다는 것은 참 어려운 일이다. 표준운영절차가 있는 것, 규정에 있는 것, 조직이 지시하는 것을 빨리, 효과적으로 집행하는 데 공무원으로서 내 삶의 많은 시간을 보내왔다. 그런 내가 부처의 고위 공무원으로 이니셔티브를 쥐게 되었을 때, 과연 조직의 미션과 비전을 제시하며 창의적 정책을 내놓을 수 있을까? 깜냥 안 되는 사람이 자리만 차지한 채, 한 걸음의 진전도 이루어내지 못하면 어쩌지 하는 두려움, 난 가끔 이러한 두려움에 사로잡힐 때가 있다.

그동안 절차적 합리성과 형식적 합법성의 원칙에 따라 살아왔다. 그 원칙이라는 것이 가끔은 부적절한 지시 사항을 이행해야 하는 내 스스로의 명분이기도 했다. 분명 정치적이거나 특혜성 결정인지 알면서도, '국회에서 결정된 거야. 행정부 공무원은 절차만 지키면 되는 거야'라며 스스로 합리화해 수행했던 일들도 분명 있었다. 실질적 합리성과 실질적 정의가 무엇인지 사람마다 다를 수 있으나, 직관적으로 실질적 정의에 어긋나는 일을 절차적 합리성의 이름으로 할 수가 있었다.

그러나 절차적 합리성 저 너머에 꽁꽁 숨어 있는 실질적 정의와 실체적 정의를 외면하지 말기를 바랐다. '쫄지 마, 15년차 공무원' 스스로 주문을 외며, 내게 중요한 정책 결정의 권한이 주어지는 그 순간에, 무엇보다 합리적이고 과학적 의사 결정을 할 수 있었으면 좋겠다 생각했다. 약한 자들에게 희망을 주고, 대한민국이 지금보다는 더 행복한 나라가 될 수 있는 일에 조그마한 힘이라도 보탤 수 있었으면 좋겠다 생각했다. 자신감도 있었다. 블랙리스트 사건으로 '쫄지 마'를 외치는 것이 얼마나 어려운지 알기 전까지 말이다.

문화예술 행정가와 예술가

나는 대부분의 공무원 생활을 문화체육관광부 공무원으로 살아왔다. 우리나라가 문화국가가 되기를 꿈꾸었고, 삶을 통찰하는 예술을 접하며 문화예술인들과 만나왔다. 그들과의 만남은 내 삶의 풍요로움의 원천이었다.

〈타인의 삶〉(2006)이라는 영화가 있다. 동독의 비밀경찰 슈타지Stasi의 유능한 대원 비즐러는 반체제 극작가 드라이만의 일상을 지붕 위 다락방에서 날마다 헤드폰을 끼고 감시한다. 그런 그가 드라이만의 〈착한 사람의 소나타〉 피아노 연주에 감동하고 드라이만이 읽던 브레히트의 시집 《마리 A.의 기억》에 공감하기 시작하면서 삶이 흔들리기 시작한다. 결국 비즐러는 드라이만을 보호하기 위해 감시 보고서를 조작하고 드라이만의 반체제 활동의 증거인 타자기를 감춰 슈타지에서 쫓겨나 평생 남루하게 살아간다. 통일 후 드라이만은 뒤늦게 동독 체제 속에서도 그가 무사할 수 있었던 암호명 HGW XX/7의 존재를 알게 되고, 그에 대한 감사를 담아 《착한 사람의 소나타》를 출간한다. 이 영화는 나에게 자신의 삶(예술 행정)을 버리면서까지 지켜야 하는 타인의 삶(예술)이 있다는 메시지로 읽혔다.

동독이라는 부끄러움의 시대를 자신의 희생으로 응대했던 선한 사람 비즐러. 그는 타인의 삶에 공감할 줄 알며, 궁극적으로는 타인의 삶에 내 삶을 개방할 수 있는 용기를 기꺼이 보여줄 수 있는 사람이었다. 지금 자본주의 사회의 변방으로 밀려나 있는 예술과 최저생계를 위협받는 예술인의 삶은 동독 시절, 드라이만의 고단한 삶과 다를 바 없다. 그 시절 비즐러가 드라이만의 친구가 되어주었던 것처럼, 내가 예술가들의 친구가 되어주었으면 했다.

문화예술 행정가의 일이 예술가에게 도움이 될 뿐 아니라 우리 삶을 풍요롭게 하는 길이라는 것도 이제는 어렴풋이 깨달아가고 있다. 그것은 〈타인의 삶〉 마지막 장면에서, 카를 마르크스 서점에서 드라이만의 책을 발견하고 이를 구입하는 비즐러가 내뱉는 마지막 대사, "그것은 나를 위한 일이었다"에서도 묻어 있다. 우리가 예술가들에게 내민 손이, 역설적으로 공직에 복무하는 무미건조한 우리의 삶을 구원하는 것이다. 이런 생각 속에서 나와 동료들은 예술가들의 삶을 성실히 도와왔다고 진정으로 믿었다. 하지만 그 믿음은 블랙리스트 사건으로 우리가 예술가들에게 더 이상 '착한 사람'이 아니었음을 확인하면서 산산이 부서졌다.

블랙리스트가 작동하다

"21세기는 문화가 국력인 시대입니다. 국민 개개인의 상상력이 콘텐츠가 되는 시대입니다 … 인종과 언어, 이념과 관습을 넘어 세계가 하나 되는 문화 … 문화융성의 시대를 국민 여러분과 함께 열어가겠습니다." 2013년 2월 25일 박근혜 대통령의 취임사이다. 이른바 '국민행복' 시대가 열렸고 새 정부의 국정 기조로 '문화융성'이 발표되었다. 그해 2월 문화융성을 진두지휘할 문화체육관광부 초대 수장으로 정통 관료 출신의 유진룡 장관이 내정되었다. 유진룡 장관은 문체부 공무원 출신의 최초 장관이었다. 문체부 장관은 늘 예술인(이창동 장관, 유인촌 장관 등)이나 정치인(박지원 장관, 정병국 장관 등)의 자리였다. 그해 2월, 청와대 교육문화수석으로 문체부 차관 출신의 모철민 수석이 임명되었다. 교육문화수석에 교육계 인사가 오던 과거와 다른 파격이었다.

문체부 직원들은 새 정부에 대한 기대감으로 들떴다. 정책 환경이 이토록 우호적인 적은 과거 어느 때도 없었다. 경제, 안보에 밀려 문화의 가치는 늘 변방을 맴돌았다. 변방에서 주류로의 이동이 시작된 것이다. 문화의 시대가, 우리가 생각지도 못한 시대에 찾아왔다. 이를 뒷받침하는 정책 과제들을 어떻게 내놓을 수 있을까 분주했다. 문화융성의 기틀을 닦을 문화융성위원회를 만들고, 과거 시도는 되었지만 성사되지 못했던 문화 관련 법들을 입법하기 위한 노력들이 물밑에서 시도되었다. 창의성, 다양성, 자율성 등의 가치가 사회를 변화시키는 동력이 될 수 있으리라 생각했다. 70, 80년대 박정희 권위주의 시대의 유산을 고스란히 물려받은 '강철맨'의 딸이 마음을 바꿔먹은 것이라 생각했다. 지금은 21세기 문화의 세기이니까. 그렇게 생각했다.

연극 〈개구리〉를 둘러싼 논란

2013년 8월 공안검사 출신의 김기춘 씨가 대통령 비서실장에 임명되었다. 내심 그가 가진 공안 의식이 열린사회로 가는 흐름을 막지는 않을까 걱정되었다. 그러나 설마 그의 닫힌 사고가 문화 영역에 침투하여 문화계 블랙리스트를 만들어낼 거라고는 생각지도 못했다. 그해 9월 문체부 예산으로 지원되고 문체부 장관이 극단장을 임명하는 국립극단에서 〈개구리〉라는 연극이 공연되기 전까지는 말이다.

〈개구리〉는 그리스의 희극작가 아리스토파네스의 고전을 현대적으로 변용한 작품이다. 원작 〈개구리〉는 연극의 신 디오니소스가 패망의 나락으로 떨어지는 아테네를 구하기 위해 영웅 헤라클레스로 변장하여 저승으로 가 비극시인 에우리피데스를 아테네로 불러내기 위해 벌이는 여정에 관한 이야기이다. 그러나 에우리피데스와 또 다른 비극시인 아이스킬로스 사이에 벌어진 논쟁 결과, 디오니소스는 아이스킬로스의 주장에 설복당해 에우리피데스 대신 아이스킬로스와 함께 지상으로 돌아온다.

〈개구리〉는 극작가이자 한국예술종합학교 교수인 박근형이 연출했다. 원작 속 주인공인 디오니소스가 박근형 작 〈개구리〉에서는 천주교 신부로 등장하는데, 불교 동자승과 함께 우리 사회를 위해 회초리를 들어줄 스승을 찾아 길을 떠나는 것으로 묘사된다. 원작 〈개구리〉에서는 저승에 있는 시인 에우리피데스와 아이스킬로스가 논쟁을 펼친다. 박근형 작 〈개구리〉에서는 노무현 전 대통령을 상징하는 '그분'과 박정희 전 대통령을 상징하는 '카멜레온'이 논쟁을 한다. 결정적으로 문제가 되었던 것은 이 작품이 노무현 전 대통령을 미화하고 박정희 전 대통령을 비하해 묘사하고 있다는 점과, 2012년 국정원 댓글 사건을 '기말고사 커닝'으로 풍자했다는 점이었다. "우리 딸애 작년에 기말시험 본 거 있잖아요. 그거 가지고 커닝했다, 점수 조작했다… 옛날 같으면 그냥 탱크로 확!" 이라는 카멜레온의 대사가 가장 큰 논쟁을 불러왔다.

〈개구리〉가 공연되고 얼마 되지 않아 유력 일간지들에서 '박정희·박근혜 대통령 풍자냐 비하냐, 국립극단이 흔들리고 있다'는 연극 리뷰 기사가 나오기 시작했다. 〈개구리〉는 주목받는 연극이 되었다. 언론은 민간 극단이 아닌, 국립극단에서 어떻게 노무현 대통령을 미화하고 박정희 대통령을 폄하하는 연극을 올릴 수 있느냐고 문제 삼았다.

"민간 극장에서 정부의 지원 없이 작품이 공연될 때 그 내용을 가지고 누가 비판할 수 있겠는가. 그러나 공공 극장은 보편적 정서를 담아내는 것이 중요하다. 예술이라는 이름으로 자신의 정치적 지향을 선동하는 데 정부 지원금을 쓰는 것은 타당치 않다"는 것이 논조였다. 이에 동조하는 우파 지식인들은 "대통령 비하 작품을 올리면서 감히 국민의 혈세에 손 내미는 것이 부끄럽다. 당신들은 어느 나라 연출가인가? 당신들은 창작의 자유, 풍자의 자유를 운운해서는 안 된다"고 주장했다. 그들은 좌파 정권 10년 동안 좌파 문화권력의 횡포와 저항으로 문화계가 기울어진 운동장이 되었다고도 한탄했다. 그러나 많은 예술인들은 권력 풍자가 연극의 가장 큰 미덕이라 생각했다. 연출가 박근형은 권력을 가진 쪽을 신랄히 풍자하는 게 예술이고, 오늘날의 한국 사회가 빚어낸 질문들에 대답하고 되묻는 것이 예술적 실천이라 했다. 궁극적으로 연극 평가는 관객이 하면 된다고 주장했다.

언론의 관심을 받게 되면서 이 작품을 보지 않은 사람들도 〈개구리〉에 관심을 갖게 되었다. 정수장학회 장학금으로 학교를 다니고, 유신헌법을 기초하는 데 큰 역할을 한 김기춘 실장의 마음 속에는 공공 극장에서 그가 생각하기에 '빨갱이 연극'이 공연되는 것이 괘씸했을 것이다. 또 이런 작품이 공공 극장에서 버젓이 공연되도록 '방치한' 문체부 관료들의 능력과 성향이 의심스러웠을 것이다. 문체부 관료들은 늘 권력자의 의심을 받았고, 이러한 권력자들의 불신은 문화융성 정책을 추진하는 데 장애로 작용했으며, 내내 조직의 불안전성을 가속화하는 동력으로 작용했다. 대통령의 아버지를 건드리고, 그 대통령의 대통령됨의 정당성을 부인했기 때문이다. 한마디로 역린을 건드린 것이다.

공연이 중단되면 어쩌나 걱정되었다. 그러나 공연은 중단되지 않았고, 공무원 누군가 책임지고 좌천되는 일도 일어나지 않았다. 2014년 8월 홍성담 화가의 〈세월오월〉이 박근혜 대통령을 신랄하게 풍자했다는 이유로 광주 비엔날레 전시가 무산되고, 2014년 10월 이상호 기자의 〈다이빙벨〉이 정부의 세월호 구조의 미스터리를 담았다는 이유로 부산국제영화제에 상영되는 것을 막기 위해 박근혜 정부가 수단과 방법을 가리지 않았던 일들을 생각하면, 〈개구리〉가 공연 기간을 무사히 마칠 수 있었던 것은 예외적인 일이다.

그때의 상황을 돌아보면 정부 출범 초기라 문화융성을 표방한 정부의 이미지를 고려하여 무서운 칼날을 드러내지 않았거나, 공연 중단이라는 극단적 상황으로 갔을 때 예술인들의 반발이 우려된다며 문체부에서 청와대를 열심히 설득했거나 둘 중 하나일 것이다. 당시 예술국 업무를 총괄했던 국장급 예술 정책관이 해외 한국문화원장으로 떠났다. 문제가 되었고 책임 소재를 가렸다면, 그 국장은 떠나지 못했을 거라 생각한다. 하지만 그 국장은 무사히 해외로 떠났다. 국립극단의 예술감독 또한 "이런 작품을 국립극장에서 올리는 것 자체가 건강함의 증표"라고 했다. 이 모든 정황이 박근혜 정부의 포용성을 드러내는 걸로 지레짐작하고 안도했다.

세월호 참사 이후, 검열과 압박

그러나 실상 그들의 표정은 일그러져 있었다. 연극 〈개구리〉가 공연된 이후, 박근형 연출가는 블랙리스트의 시작이자 상징으로 내내 요주의 인물이 되었다. 박근형은 1999년 〈청춘예찬〉으로 그해 연극상을 휩쓸었고, 2006년에는 〈경숙이, 경숙아버지〉로 올해의 예술상, 동아연극상, 대산문학상을 수상한 한국 연극계를 대표하는 스타 연출가였다.

2015년 그가 쓴 〈모든 군인은 불쌍하다〉가 또 다시 논란이 되었다. 〈모든 군인은 불쌍하다〉는 전역을 앞두고 탈영한 군인이 내 인생 내가 이탈하는데 너희들이 왜 나를 체포하느냐며 자신을 체포하러온 헌병들 앞에서 자살하는 이야기이다. 2015년 10월에는 박근형 연출이 공연에 참여키로 되어 있었던 국립국악원의 〈소월산천〉이라는 작품이 우여곡절 끝에 무산되기도 했다. 현대무용 안무가인 정영두는 서울에서 세종으로, 일본에서 영국으로 날아가

이 사태에 저항하는 1인 시위를 펼치기도 했다.

2014년 4월 16일 세월호 참사가 일어났다. 세월호는 그들에게 두려움이었다. 세월호는 박근혜 정부가 침몰하는 데 기여한 배 안의 작은 구멍과도 같은 존재였다. 정부로부터 지원받는 예술가 단체들의 성향을 통제하려는 움직임이 다양하게 이루어졌다. 2014년 연말 서울연극협회 주관의 '2015 서울연극제'가 아르코예술극장 대관 심사에서 떨어졌다. 예술계가 지원 배제 명단이 있다는 생각에 눈뜨기 시작했다. 문화예술 현장이 흉흉해졌다. 2015년 4월인가에는 대통령이 고등학교 은사로부터 편지를 받고《창비》, 《문학동네》같은 문예지는 예산이 지원되거나 증액되었는데 보수 문예지는 오히려 예산이 축소되었다면서 문제를 해결하라고 지시했다는 소문도 들렸다. JTBC 뉴스룸은 2015년 9월〈모든 군인은 불쌍하다〉를 둘러싼 논란과 한국문화예술위원회(예술위) 직원들이 심사위원과 박근형 연출을 직접 방문한 스토리를 보도했다.

블랙리스트가 공개된 장소에서 여야 공방의 주제로 등장한 것은 2015년 9월 국정감사에서였다. 문체부 세종청사에서 이루어지는 국정감사는 문체부 직원들에게 청사 방송으로 중계된다. 국회와 정부의 가장 치열한 갑론을박이 벌어지는 날이라, 귀를 쫑긋하고 방송을 청취했다. 우수 창작 작품을 전략적으로 지원하는 '공연예술 창작산실 지원 사업'에 응모한 박근형의 연극 대본〈모든 군인은 불쌍하다〉가 또다시 논란이 됐다.

공연예술 창작산실 지원 사업은 5명의 심사위원이 4월 7일부터 11일 동안 15개 연극 작품의 시범 공연을 관람하며 심사를 진행했다. 박근형 연출의 문제가 되는 작품을 배제해달라는 요청을 예술위 직원 A가 했지만 심사위원들이 거부했고 〈모든 군인은 불쌍하다〉를 포함한 8개 작품이 최종작으로 선정되었다. 심사가 끝났지만 두 달 반 동안 발표를 하지 못했다. 더 이상 미룰 수 없었는지 한국문화예술위원회는 6월 18일 심사위원들을 재소집했다. 그들은 박근형의 〈모든 군인은 불쌍하다〉가 포함된 심사 결과는 발표할 수 없다며, 심사 결과를 조정해줄 것을 요청했다.

　그 자리에 있던 심사위원이 녹음한 내용이 국감장에 흘러나왔다. 예술위 직원은 박근형 연출의 작품이 배제되어야 하는 이유는 박정희·박근혜 대통령을 비판한 〈개구리〉라는 작품 때문이라고 말했다. 심사위원들은 5공 때도 아니고 그래서는 안 된다고 반발했다. 심사위원들에게 말이 먹히지 않자 예술위 직원들은 박근형 연출가를 찾아가 포기를 유도했다. "당신이 계속 버티면 나머지 7명의 작가들도 다 못 받는다. 돈을 연말까지 가도 못 받는다"고. 박근형 연출가는 결국 "그러면 내기 포기한다"고 말했다. 예술위는 구두 약속이 못 미더웠는지, 6월 22일 다시 박근형 연출가를 방문했다. 그리고 〈모든 군인은 불쌍하다〉가 지원 대상 작품으로 선정되더라도 지원받는 것을 포기하겠다는 취지의 각서를 받는다. 6월 29일 한국문화예술위원회는 박근형 연출의 〈모든 군인은 불쌍하다〉까지 포함된 8개 작품을 당선작으로 발표했다. 그리고 8월 4일 예술위 직원들이 시스템에 들어가 박근형 연출이 대표로 있는 극단 골목길을 대신하여 〈모든 군인은 불쌍하다〉의 지원 포기 신청서를 입력한다.

　　국정감사 당시 예술인 출신의 도종환 의원은 "적법하게 심사를 거쳐서 지원 작품으로 선정되었더라도 국민들의 반감과 항의가 있을 것이 예상되고 징치직 논란이 예상된다면 지원을 철회할 것입니까?" 하고 장관에게 물었다. 김종덕 장관은 블랙리스트는 있을 수 없으며, 일부 작가가 보편적 예술성을 추구하기보다 이슈를 만들고 유명세를 늘리려 한다고 되려 박근형 연출가 등을 공격했다. 예술위 직원들이 심사위원들을 방문했을 때 했던 "정치적 이유 때문에 배제할 수밖에 없다"는 발언에 대해서도 김종덕 장관은 문체부는 그런 지시를 내린 적이 없고, 정치적 이유 운운하는 그들이 더 이상하다고 말했다.

　　당시 여당 의원들은 지원 배제가 타당하다고 주장했다. 우리 군을 아주 부정적이고 불쌍하게 묘사하고 있는 작품에 대한 공적 자금 지원 철회는 마땅하다는 논리였다. 나라의 위상을, 국가의 위상을, 국격을 이렇게 떨어뜨리는 일에 국가 예산을 지원하는 것은 어리석은 일이라는 것이었다. "대한민국 체제와 정부를 부정한 문화인에게까지 세금 혜택을 줄 수는 없다", "이를 정치 검열이라고 주장하는 것 자체가 정치 공세"라고도 했다. 피해자 코스프레 하지 말라고 외쳤다. 정부 쪽 입장에서 방어하던 문체부 장관과 한국문화예술위원회 위원장 박명진은 〈모든 군인은 불쌍하다〉에 대한 검열과 압박을 결코 인정하지 않았다. 이날 두 문화예술 기관의 수장

이 보여준 태도는 연출가 김재엽의 〈검열언어의 정치학 : 두 개의
국민〉이라는 연극의 중요한 장면이 된다.

공적 심의 시스템의 붕괴

당시 나는 큰 충격을 받았다. 예술 행정을 다루어본 사람이라면,
그 일이 작동되는 메커니즘을 충분히 짐작할 만했다. 국정감사가
끝나고 새벽까지 이어진 뒷풀이 장소에서 마음은 울고 있었다. 문
체부 창사 이래 가장 치욕스러운 날로 기억되어야 한다고 생각했
다. 문체부의 존재 이유는 예술의 자유를 보호하는 것인데 그 존재
이유를 스스로 무너뜨리고 있었기 때문이다.

블랙리스트 문제의 핵심은 그것이 공적 심의 시스템의 붕괴
와 예술의 자유라는 헌법 가치의 훼손이라는 데 있다. 나는 노무현
정부 말기부터 이명박 정부 중반까지 한국문화예술위원회를 담당
했다. 청와대에서, 국회의원실에서 특정 작품이 선정되도록 도와
달라는 민원이 있었지만 성공률은 거의 제로에 가까웠다. 한국문
화예술위원회 심의는 난공불락이었다. 심사위원들은 여러 명이
고, 자유로운 영혼을 지닌 예술계 전문가들에게 외압을 행사한다
는 것은 섶을 지고 불구덩이에 뛰어드는 것과 같았다. 가장 자존심
이 센 그들에게 외압이 들어간다면 바깥 세계에 알려지는 것은 시
간문제일 테고, 곧바로 예술계의 저항을 불러와 야만 행위라는 분

노를 불러들일 것이 자명했다.

혹자들은 모든 정부가 블랙리스트를 운용했다고 한다. 노무현 정부 때도 그러했고 이명박 정부 때도 그러했다고 한다. 난 이런 선동에 동조할 수 없다. 좌파 인사 축출이라며 인사에 있어서 강공을 펼쳤던 이명박 정부도 한국문화예술위원회의 심의 시스템은 개입하지 않았다. 2009년 유인촌 장관 시절, 불법 시위에 참가하면 지원금을 회수한다는 시위 불참 확인서를 받고 지원을 해서 문제가 된 적이 있었다. 당시 문제는 '불법 시위 단체에 예산을 집행하면 안 된다'는 기획재정부의 '2009년 예산 및 기금 운용 지침'이었다.

예술가와 예술가 단체를 지원하는 한국문화예술위원회, 한국영화진흥위원회 등이 난감한 상황에 봉착했다. 당시 나는 한국문화예술위원회를 담당하는 사무관이었는데, 지원 중이던 대다수 단체들이 한미 FTA 쇠고기 협상에 반대하는 촛불집회에 참여한 전력이 있었다. 궁여지책으로 예술위원회는 '불법 시위에 참여할 경우 지원금을 반납한다'는 취지의 확인서를 받고 지원금을 보조했다. 추후에 감사원 감사 등 외부 기관의 감사가 있을 때 예산 지침을 준수하려 노력했다는 증빙을 갖고자 하는 관료 특유의 보신주의가 작동한 것이다.

그 후 확인서를 써야 했던 '민족문학작가회의' 등 예술가 단체의 반발이 시작되었고 사회 이슈화되었다. 결국 당시 유인촌 문체부 장관이 사과를 하는 지경에 이르렀다. 기획재정부 예산 집행 지침을 이행하기 위해서 예술 단체로부터 확인서를 받고 예산을 지원하려 한다는 방침을 장관 또한 보고받았을 것이다. 그럼에도 실무자인 내가 맷집이 셌다면, 내가 보좌하는 장관이 내가 담당하는 공공 기관의 일로 공개적으로 사과하는 면목 없는 상황은 일어나지 않지 않았을까 자괴감이 들었다.

　　최근 이 사건으로 '블랙리스트 진상 조사 및 제도개선 위원회'로부터 조사를 받았다. 9년도 지난, 기억도 온전하지 않은 일에 대해 조사받는다는 것은 아프고 슬픈 경험이다. 처음에는 행정 절차를 준수하기 위해 했던 일이 혹여 예술가를 배제하려는 행동으로 비춰질 수 있다는 점이 억울하기도 했다. 기억을 곱씹으니 사건이 보다 명징해졌다. '시위 단체에게 보조금을 지원할 수 없다'는 지침은 기획재정부가 마련하고 국회 본회의를 통과하는 등 절차를 준수한 것이지만, 실질적 정의의 차원에서는 예산 지원을 빌미로 집회·결사의 자유와 표현의 자유를 제약하여 헌법 가치와 조화를 이룰 수 없는 것이었다. 따라서 '2009년 예산 및 기금 운용 지침'을 지키는 나의 행위는 '실질적 정당성'을 담보할 수 없었다. 내가 실질적 정의에 민감하고, 원칙적이고 용기 있는 공무원이었다면, 내가 담당하는 공공 기관에서 예술인들에게 확인서를 징구하는 상황까지 가지 않도록 해야 했다. 행정 편의주의와 보신주의로 실질적 정의를 외면한 나의 의도와 태도를 알아차리고 성찰했어야 했다. 2017년 국가인권위원회는 불법 시위 단체 지급 제한 규정을 삭제할 것을 권고했고, 탈 많았던 이 규정은 '2018년도 예산 및 기금 운영 계획 집행 지침'에서 비로소 삭제되었다.

문체부와 산하기관의 관계

〈모든 군인은 불쌍하다〉는 국정감사에 이어 그해 10월 종합감사에서도 뜨거운 감자였다. 우리는 국회 인터넷 중계를 통해 국정감사를 지켜보았다. 그날의 일정이 끝나갈 무렵, 한국문화예술위원회 담당 사무관 시절 함께 일했던 예술위원회 직원 A와 B가 증인과 참고인으로 국감장에 서 있었다. 그들은 박근형 연출가를 찾아가 지원 포기를 유도한 일에 대한 증인으로 나왔다. 행정인에게 절차적 합리성은 요체이다. 실질적 합리성까지 구비되면 좋지만 '절차적 합리성'을 놓치면 우리는 설 자리가 없다. 심사위원들에게 점수를 조정해달라는 것은 행정의 요체를 허무는 일이다. 아무리 윗선의 지시가 있다 하더라도 해서는 안 되는 일인 것이다. 그것은 그들의 의무가 아니었다. 당시 한국문화예술위원회 박명진 위원장은 모르는 일이라 했고 직원 A와 B는 "윗선의 지시는 없었고 모든 것이 다 본인의 일탈"이라고 말했다. 그들에게 지시를 내렸으면서 모르는 체하며 뒷짐지고 있는 문체부 사람들이 미웠다. 총알받이가 되어버린 산하기관 직원들을 바라보고만 있는 그들의 무책임함에 미움보다 분노가 앞섰다. 나 역시 과거에 그러했다.

실행의 핵심 기관으로 블랙리스트 사건의 주 무대가 되었던 곳은 한국문화예술위원회였다. 이곳은 문화예술 진흥을 위한 사업과 활동을 지원하는 문화예술진흥기금을 별도 운용 관리하는 조직이다. 매년 1000억 원에 이르는 문예진흥기금으로 예술인, 예술인 단체 지원을 총괄하는 조직이다. 2005년 예술 지원의 독립성, 전문성과 자율성을 보장하기 위해 원장 주도의 한국문예진흥원에서 현장 예술가 중심의 독립적 회의체 11명의 분야별 위원으로 구성된 위원회 조직으로 탈바꿈했다. 위원회 사무를 보조하는 기관으로 사무처장 산하에는 10년에서 20년 넘게 예술 지원 행정 업무를 수행해왔던 예술위원회 행정 전문 인력들이 있었다. 위원회 위원들은 임기 중 직무상 외부의 지시나 간섭을 받지 않으며 문예기금의 운용 관리 등 관련 사항을 심의 의결한다.

문체부는 문화예술 정책의 기조와 지침을 정하고, 이를 실제 운용하는 곳은 한국문화예술위원회이다. 블랙리스트 사건에서 문제가 되었던 영화 정책과 출판 정책도 비슷한 메커니즘이 작동한다. 영화 정책은 문체부의 문화콘텐츠산업국을 통해 영화진흥위원회에서 집행되고, 출판 정책은 문체부의 미디어정책국을 통해 출판문화진흥원에서 집행된다. 지원을 실질적으로 담당하는 산하기관은 현장과 직접 소통하는 곳으로, 현장 사정에 대해 가장 잘 이해하는 전문 행정인들로 채워진다.

문체부 산하기관은 위원 등의 임원진 임명, 사업 계획의 승인 등에 있어서 문체부의 지도 감독을 받는다. 외부 기관의 통제는 불가피하다. 산하기관과 본부 공무원 사이에는 일종의 위계질서가 있다. 이것이 잘 작동할 때는 산하기관의 도덕적 해이를 막는 선한 기제가 되지만, 왜곡되어 작동할 때는 소위 권위적 갑을 문화가 작동한다. 문체부 담당 사무관이 기관 운영에 관해 무심코 던진 한 마디가 산하기관에 내려가면 태풍이 되어 산하기관 운영에 영향을 미치기도 한다. 최악의 사태는 산하기관이 문체부의 하청을 받는 전문 용역업체로 전락하는 경우이다.

국가의 문화에 대한 정책적 방향성은 문체부가 잘 아는 반면, 실제 정책이 실현되는 과정에서 예술가와 시민들의 체감 정도는 산하기관이 훨씬 더 잘 안다. 정부의 지시와 산하기관의 요구가 조화롭게 작동할 때도 있지만, 균열을 빚고 파열음을 내는 경우도 있다. 이때 승리하는 쪽은 거의 문체부일 가능성이 높다. 위계의 정점에서 그들은 결코 지지 않는다. 그래서 산하기관은 자신들의 의견이 관철된 경험을 갖기가 힘들다. 이런 생활이 내재화되면 문체부에 대한 불만과 분노가 저항으로 나타났다가 시간이 지나면 체념으로 귀착되게 된다. 무기력이 내재화되는 것이다.

블랙리스트도 이러한 '무기력의 내재화'가 작동하는 가운데서 일어났다. 지원 배제 관행에 대해 산하기관 직원들은 예술계가 눈치채는 것은 시간문제라는 것을 직감하고, 곧 예술계의 거센 저항에 직면하리라고 확신했다. 처음에는 문체부의 지시에 대해 우려를 전달했을 것이다. 그러나 청와대의 지시를 어떤 식으로든 관철시키려는 문체부의 요구에 체념하는 마음으로 실행했을 것이다. 결국 의무 없는 일을 하게 된 것이다. 청와대와 문체부가 공범으로 산하기관 직원들에게 의무 없는 일을 시킨 것이 직권남용죄의 핵심이다. 이것은 장기간 문체부와 산하기관 사이의 갑을 관계가 전제되었기에 가능한 일이었다.

이런 갑을 관계에서 예술위 조직은 늘 위태로웠다. 외부로부터의 흔들림에 취약했다. 참여정부 시절인 2007년 7월 문학평론가 출신으로 예술위 1대 수장이었던 김병익 위원장이 임기 1년을 남겨놓고 사퇴했다. 참여정부 막바지였던 그해 9월 김정헌 위원장이 대통령 선거를 4개월 앞두고 취임했다. 공주대학교 교수였던 김정헌 위원장은 민중미술 작가로 오랫동안 활동해온 분이었다. 2007년 12월 이명박 대통령이 당선되었다. 그렇게 정부가 바뀌자 참여정부 시절 임명되었던 김정헌 위원장을 향한 사퇴 압력이 시작되었고, 한국문화예술위원회에 대한 특별조사가 실시되었다. 2008년 12월 문화체육관광부는 김정헌 위원장이 기금 운용 규정 등을 위반했으며 그에 따라 해임하기로 했다고 발표했다. 이에 대해 김정헌 위원장은 행정소송 등 법적 대응에 나섰다.

2009년 한국문화예술위원회 위원장으로 미술평론가 출신의 오광수 위원장이 취임했다. 그런데 2010년 서울행정법원이 김정헌 전 위원장의 해임 집행정지 신청을 받아들이는 판결을 한다. 김정헌 위원장이 다시 한국문화예술위원회 위원장실로 출근을 하게 되면서, '한 지붕 두 위원장'이라는 초유의 사태가 벌어졌다. 국회 상임위장에 기관 대표로 두 명의 위원장이 출석하는 기록을 남기기도 했다. '한 지붕 두 위원장 사태'는 그해 3월 항소심에서 해임 집행정지 판결이 기각되고 나서야 해소되었다. 당시 김정헌 전 위원장 해임 사건은 참여정부 인사 표적 해임 논란에 불을 지폈다. 이 사건은 2010년 12월 대법원에서 "해임 처분은 사전 통지 및 의견 청취 의무 등을 지키지 않아 행정 절차상 하자가 있어 위법하나"는 확정 판결이 내려지면서 법적 논쟁을 끝내게 된다.

2010년 한국문화예술위원회를 담당할 때 집행 능력이 의심되던 단체의 보조금 지원이 쪽지 예산으로 국회에서 통과되었다. 배정된 예산을 집행한다는 이유로 예술위원회 직원을 몰아세웠다. 서류를 갖췄으면 단체가 가장 필요할 때 지원해야 한다는 생각밖에 없었다. 집행 능력이 의심된다는 예술위원회 직원의 이야기를 애써 무시했다. 내 생각이 너무 나이브했다. 나중에 그 단체가 예산을 다 쓰지 못했다는 것을 알게 되었다. 두고두고 미안함과 부끄러움으로 남은 일이다.

한번은 기관 운영의 전문성과 특수성을 우선해야 한다는 정책 기조하에 한국문화예술위원회 부속 시설로 운영하던 공연장과 자료원을 분리하여 '한국공연예술센터'와 '한국예술자료원'으로 독립시키는 일을 했다. 아름다운 문화의 집을 짓겠다는 마음에서였다. 그러나 분리되어 탄생한 두 기관은 불과 4년 만인 2014년 다시 한국문화예술위원회에 통합되었다. 기관 통합과 분리를 반복하는 문체부의 정책 방향 때문에 그 조직에 몸담고 있는 사람들의 생사가 달라졌다. 그 미안함으로 한국공연예술센터와 한국예술자료원이 있던 대학로에 갈 때는 쥐구멍에라도 숨고 싶은 자괴감이 밀려올 때가 많다.

이처럼 산하기관은 소관 부처인 문체부에 의해 좌지우지된다. 오래전부터 문체부와 산하기관 사이에 위계 관계가 작동하고 있었기 때문에 블랙리스트 사건과 같이 청와대와 문체부가 함께 권력을 남용하여 한국문화예술위원회, 한국영화진흥위원회 등의 공공 기관 직원에게 직무상 의무가 아닌 일을 억지로 하게 하는 직권남용은 이미 예고된 것이었다.

문화예술인 9,473명의 명단

2015년 2월 김기춘 실장이 물러났다. 블랙리스트의 기획자라 할 수 있는 김기춘 실장이 사라지면 당연히 블랙리스트는 사라지는 것이라 생각했다. 그러나 블랙리스트는 그 후에도 멈추지 않고 작동되었다. 그것은 한순간의 해프닝이 아니라, 청와대 내에 형성된 일종의 '좌파 배제, 우파 지원'의 기조였다. 대통령은 "국정 지표가 문화융성인데 좌편향 문화예술계에 문제가 많다"고 했고, "좌파들이 가지고 있는 문화계 권력을 되찾아 와야 한다"고도 했다. "나라가 비정상"이라는 취지의 발언을 하는 등 거듭 문화예술계의 좌편향 문제를 바로잡아야 한다고 지시했다. 그 기조는 김기춘 비서실장의 퇴각 이후로도 지휘자가 정무수석 또는 국민소통비서관으로 이어지며 계속되었다.

2016년 4월 당시 국민소통비서관이었던 정관주 비서관이 문화체육관광부의 문화예술 분야를 총괄하는 제1차관으로 부임했다. 문체부 제1차관은 통상 문체부에서 오랜 시간 단련된 행정 관료가 임명되는 것이 관행이었는데 파격적인 인사였다. 게다가 정관주 비서관은 문화예술 분야를 다뤄본 적이 없었다. 그 인사의 맥락이 궁금했다. 2017년 초 촛불 정국에서 비로소 알았다. 청와대의 국민소통비서관이 블랙리스트를 관리했던 자리였음을.

  같은 문체부 동료라도 블랙리스트는 함부로 물을 수 있는 사안이 아니었다. 당시 예술국에 있던 직원들끼리는 공유할 수 있었으나, 예술국 밖에 있는 직원들이 알기는 어려운 일이었다. 서로가 이에 대해 말하는 것은 금기였다. 파편적 소문으로만 떠돌던 블랙리스트의 실체를 알게 된 것은 2016년 10월 12일 〈한국일보〉에 기사가 난 후부터였다. 그날은 2016년 국감 바로 전날이었다. 〈한국일보〉는 9,473명의 한글 표로 작성된 블랙리스트 총괄표 사진을 공개했다. 청와대가 2015년 '세월호 정부 시행령 폐기 촉구 선언'에 서명한 문화예술인, '세월호 시국선언'에 참여한 문학인, '문재인 후보 지지 선언'에 참여한 문화예술인, '박원순 후보 지지 선언'에 참여한 문화예술인 등 4개 범주로 구분하여 문화예술계에서 검열해야 할 인사 9,473명의 명단을 작성해 문체부로 내려 보냈다는 주장과 자료가 나왔다는 보도였다.

  국정감사일, 이에 대한 야당 의원들의 질의는 빗발쳤다. "블랙리스트는 존재하지 않는다고 보고받았습니다"라는 문체부 최고 수장의 답변은 지금까지도 법정에서 위증의 문제로 다투어지고 있다. 용감한 누군가 이 명단을 사진으로 남겼다. 기사에 따르면 2015년 5월 문체부 담당 사무관이 9,473명의 명단을 보여주자 깜짝 놀란 산하기관 직원이 사진을 찍었다 했다. 이 사진을 갖게 된 직원은 핸드폰 사진첩에 꽁꽁 담고 있다가 문체부가 블랙리스트에 대한 부인으로 일관하자, 더 이상 견디지 못하고 언론에 사진을 제공한 것일 테다. 1년 동안 지켜야 할 침묵의 시간들과 그럼에도 불구하고 이를 기자에게 전달한 그 마음은 무엇이었을까. 그 마음이 모여 블랙리스트의 진실이 하나씩 밝혀졌다 믿는다.

블랙리스트를 시인하다

2016년에서 2017년으로 넘어가던 겨울은 문체부에 근무하는 우리에게 상사의 질곡을 지켜봐야 하는 안타까움의 시간들이었다. 특히 2016년 11월부터 2017년 1월까지 있었던 '국정농단 국조특위(박근혜 정부의 최순실 등 민간인에 의한 국정농단 의혹 사건 진상규명을 위한 국정조사특별위원회)'에 김종덕 장관, 조윤선 장관, 김종 차관 등 우리가 상사로 모셨던 분들이 서게 되었을 때가 절정이었다. 당시 우리의 괴로움은 상관이 공개 서상에서 하는 기짓말을 지켜봐야 한다는 것이었다. 국조특위에서 이용주 의원의 "블랙리스트가 존재하는 것이 맞습니까?"라는 집요한 질문에 당시 조윤

선 장관은 애매한 대답을 무려 15번이나 반복했다. 그리고 나서야 마침내 "예술인들의 지원을 배제하는 명단은 있었던 것으로 판단 한다"며 사실상 블랙리스트가 존재했다고 인정했다.

당시 국조특위에 출석한 문체부 장관들이 차라리 블랙리스 트는 있었고, 정부 지원을 받는 단체들이 정부의 국정 기조에 맞추 는 것이 맞다며 스스로가 묵인한 지원 배제 관행을 옹호하는 편이 훨씬 나았을 것이다. 그랬다면 그들의 생각에 동의할 수는 없지만, 최소한 그 일관성과 솔직함에 대해서만은 좋은 기억을 가질 수 있 었을 것이다. 자기 행위의 정당성을 설명하고 이에 대한 국민의 이 해를 구하고, 간혹 헌법 가치를 훼손한 잘못이 있다면 국민에게 몸 을 낮추어 용서를 청하는, 말과 행동이 일관되고 자신의 삶에 솔직 한 상사를 보고 싶었다. 윗사람의 누추한 거짓말을 지속적으로 듣 는 것은 너무도 괴로운 일이고 큰 상처였다.

당시 문체부 수장은 '문화계 블랙리스트'와 관련해 연일 언론 의 표적이 되었고, 1월 21일 새벽 현직 장관으로는 최초로 검찰에 구속되었다. 그리고 1월 21일 총리는 장관의 사표를 수리했다. 문 체부 내부에서는 장관에게 블랙리스트의 존재를 인정하자는 건의 를 올렸지만, 장관의 입장을 고려해 미루어지고 있다는 소문이 들 렸다. 장관의 부재는 일사천리로 '블랙리스트의 존재 인정'과 '사 과'로 이어졌다.

1월 23일 문체부 간부들이 포토라인에 서서 '국민 여러분께 드리는 반성과 다짐의 말씀'을 읽으며 고개를 숙였다. 문화예술인과 국민 여러분께 크나큰 고통과 실망을 안겨드렸으며, 특검 수사를 통해 문체부가 져야 할 책임을 감내하겠다 했다. 문화와 예술 본래의 가치와 정신을 지키는 것을 문화 행정의 가장 중요한 목표로 삼고 문화예술 정책과 지원의 공정성이 훼손되지 않도록 과감히 개선하겠다, 실무 직원들이 소신 있게 일하는 장치를 만들겠다고도 했다.

문체부는 그렇게 블랙리스트를 시인했다. 그리고 2월 23일, 블랙리스트의 실행 기관이었던 한국문화예술위원회 홈페이지에 위원장 및 임직원 일동 명의의 초라한 사과문이 게재되었다. 그렇게 한국문화예술위원회도 블랙리스트를 시인했다. 2013년 연극 〈개구리〉에서 시작되어 2014년 세월호 사건을 거치며 문화예술 현장에 산불처럼 번져나갔던 블랙리스트. 그러나 그 누구도 시인하지도, 사과하지도 않았던 블랙리스트. 결국 2017년 초, 광장에서 촛불이 타오르던 그때 실체가 확인되고 나서야 그동안의 거침없는 폭주를 멈추었다.

2014년 4월 16일 세월호 참사가 일어났다. 세월호는 그들에게 두려움이었다. 세월호는 박근혜 정부가 침몰하는 데 기여한 배 안의 작은 구멍과도 같은 존재였다. 정부로부터 지원받는 예술가 단체들의 성향을 통제하려는 움직임이 다양하게 이루어졌다.

불의의 시대, 살아남은 자의 슬픔

모든 기억은 주관적이다. 구로사와 아키라 감독의 영화 〈라쇼몽〉 (1950)에서 사건이 인물들의 관점에 따라 다르게 진술되듯이 내가 그리는 기억도 주관적이다. 문체부라는 조직 내부의 일이지만, 해당 부서에 있지 않은 이상 그 실상을 안다는 것은 어려운 일이었다. 그렇기 때문에 나의 기록은 온전치 않다. 그럼에도 이를 기억하는 것은 잔인한 구조 속에서 어떻게 개인이 존재감을 상실해왔는지 이해해야 하며, 어떻게 그 안에서 자아를 새롭게 발견하여 인간 본연의 모습을 회복할 것인지 길을 찾아야 하기 때문이다. 우리에게 문제되는 것은 외부로부터 가해지는 압력이 아니라 그것에 대항할 수 있는 인간성의 문제이다.

블랙리스트의 실체와 최순실 등의 체육계 농단 사건을 세상 가운데 이야기하며, 박근혜 정부를 그 중심에서부터 무너뜨린 공은 유진룡 문체부 장관에게 있다. 유진룡 장관은 문체부 공무원들의 우상이었다. 그는 항상 스타플레이어였다. 자기 소신을 밝히는 데 거침이 없지만, 부하 직원에게 권위적이지 않고 다정다감했다.

2014년 4월 세월호 사건이 일어났다. 사회단체들은 슬픔을 나누는 동시에 세월호 사건에 대한 정부의 태도를 비판하기 시작했다. 작가들은 글로, 화가들은 그림으로, 공연예술가들은 연극으로 슬픔과 분노를 표현했다. 유진룡 장관이 박근혜 대통령이 주재하는 국무회의에서 총 내각 사퇴를 건의했다는 말이 돌았다. '미네르바의 부엉이'는 누구보다 먼저 그 징후를 포착하고, 가장 먼저 가열차게 자신의 의견을 피력한다. 문화예술이 그러했고, 유진룡 장관이 그러했다.

2014년 4월 청와대 정무수석실 주관으로 정부가 지원한 민간단체 보조금에 대한 TF가 만들어졌다. 블랙리스트를 만들 채비가 시작된 것이다. 지금 생각하면, 세월호가 없었다면 블랙리스트는 만들어지지 않았을지도 모른다. 2014년 4월 세월호가 있었고, 김기춘 비서실장이 청와대 보좌 조직의 수장으로 있었다. 블랙리스트는 분노하는 민심을 억압하는 수단으로 장전되기 시작했다. 이명박 대통령 시절 거세었던 촛불시위가 정권의 신뢰성에 타격을 가했던 기억이 선명했을 박근혜 정부는 그러한 상황을 막기 위해 사전에 반대 의견을 묵살하는 수단으로 블랙리스트를 작동시켰을 것이다.

강한 선배의 퇴장

블랙리스트는 중앙 부처가 지원하는 모든 단체 보조금을 타깃으로 했지만 단연 문화예술 분야가 많은 비중을 차지했다. 문체부는 정권에 찍혔다는 소문이 돌았다. 청와대는 문체부 간부 공무원들이 문화계 좌파 인사들과 형성된 유대감으로 문제 단체를 지원하는 것을 관행으로 인식하고 이를 개선하고자 하는 의지가 부족하다고 질타했다. 그러면서 의지와 개혁 역량을 갖춘 장차관을 임명하여 주요 부서의 관행을 혁파하고 산하기관을 구조 조정해야 한다는 말이 돌았다. 문체부에 대한 청와대의 이러한 인식은 유진룡 장관을 통해 형성되었다.

유진룡 장관은 공무원 출신이지만 문화예술의 속성을 가장 잘 드러내는 인물이었다. 문화예술은 원래 물질적 가치보다 정신적 가치를 추구하며, 물질적 가치를 쫓는 사회에 비판적이다. 문체부 또한 정무적 판단에 능하지 못하여, 조직에 미치는 유불리를 따져 외부 자원을 동원하는 데 능숙하지 못하다. 일사분란하지 않고 고분고분하지 않을 수 있다. 상부로부터 지시가 떨어졌을 때 자기 생각이 많고, 그래서 더딘 편이다. 지시가 있으면 수단과 방법을 가리지 않고 결과물을 내어놓는 조직과는 다르다. 정치권, 국회, 정보기관의 자원을 동원하며 조직의 목적을 달성할 수 있는 정무적 감각이 빼어난 조직이 아니다.

2014년 7월 대통령 해외 순방 중 단 한 번의 클릭으로 유진룡 장관이 해임되었다. 2014년 8월 김종덕 장관이 부임했고, 그해 10월 유진룡 장관과 뜻을 같이한다는 1급 실장 세 명이 사표를 썼다. 유진룡 장관의 사라짐은 화려했다. 대통령의 그 유명한 "나쁜 사람"이라는 발언을 폭로하는 것으로 시작하여, 하나하나 박근혜 정부의 약점을 세상 가운데 드러냈다. 유진룡 장관은 박근혜 정부의 트로이의 목마였다.

한편에서는 '거침없지만, 참으로 가볍다', '자신의 임명권자를 향해 독설을 퍼붓는 모습이 국무위원의 균형감과 품위, 절제감을 잃었고, 예의와 겸손함도 사라졌다'고 평하기도 했다. 사고만 치는 튀는 인간형으로, 조직에 불화를 일으키고 수틀리면 정권에 비수를 꽂는 인사라 하기도 했다. 박근혜 대통령이 그를 초대 문체부 장관에 임명한 것은 어처구니없는 비극이라는 수군거림도 있었다. 좌파 정권 시절 정부에 대들었다는 피상적 인상으로 임명한 것이 참사라 했다.

유진룡 장관으로 조직은 불안해졌다. 유진룡 장관이 '입바른' 소리를 하는 동안 조직은 정권에 찍혔다. 선봉장을 잃은 군대는 전열이 흐트러졌으며, 의기소침해졌고 다시 전열을 정비할 힘을 잃었다. 추풍낙엽처럼 한 명 한 명 나가떨어졌다. 노량해전에서 이순신 장군의 사라짐이 '내 죽음을 알리지 말라'는 식의 조용한 퇴장이었다면, 유진룡 장관의 사라짐은 대통령과의 불화에 따른 퇴장임을 적극적으로 알리는 방식이었다. 후배들은 강한 선배의 퇴장을 지켜보며, 다시는 저항할 의지조차 잃어버렸다. 그의 방식은 싸울 능력이 없는 후배들에게 자꾸 싸움을 부추기는 방식이었다. 문체부는 더더욱 미운털이 박혔고, 외부인 장차관들에 의해 점령당했고 국정농단의 현장이 되어버렸다.

한때 조직을 불안하게 만든 원인 제공자로 내심 유진룡 장관을 원망하기도 했다. 그러나 문제를 제기한 사람에게 그 문제까지 풀라고 하는 것은 너무 많은 부담을 주는 것이다. 그는 문제를 소리 높이 외쳐 그 체제를 밑으로부터 붕괴시켰다. 그의 역할은 거기까지였다. 그 외침으로 위태로워진 조직의 위상과 조직에 대한 외부의 평가는 남은 자들이 지켜야 하는 일이었다. 그것은 문체부에 남아 있는 우리가 했어야 하는 일이다. 그는 그의 존엄을 '그리스인 조르바'와 같이 자유롭게 외치는 공무원이었다. 그 존엄을 끝까지 지키는 것은 우리의 몫이어야 했다.

그 사람 아직도 있어요?

박근혜 대통령에게 '나쁜 사람'으로 찍혔지만 화려하게 부활한 노태강 차관을 선배로 둔 우리는 행복하다. 체육국은 문체부 직원들에게 즐겁게 일할 수 있는 자리였다. 국민들에게 즐거움을 주는 부서였다. 생활체육 시설을 전국에 확충하고, 주요 국제대회에 나가는 선수단을 지원하고 김연아 선수 등 한국 선수들의 선전으로 국민들에게 기쁨을 줄 수 있는 자리였다. 소신과 열정으로 자신의 일을 해내기 어렵지 않은 곳이었다. 물론 평창 동계올림픽 등 어렵게 유치한 국제대회를 국민들의 관심과 호응 속에서 잘 치러야 하는 과업이 있기는 했지만, 다른 국보다는 자율성이 상대적으로 높은 곳이었다.

노태강 국장은 체육국장 취임과 동시에 기존의 관행과 유착 관계를 끊기 위해 노력했던 분이다. 직원들이 기존의 유착 관계로부터 자유롭게, 소신대로 일하기를 권하는 상사였다. 그런데 박근혜 정부가 시작되면서 체육국이 힘들다는 말들이 흘러나오기 시작했다. 윗선에서의 요구 사항이 많았기 때문에 그 요청대로 일을 처리하기 위해 전체 국이 동원되고 있었다. 체육계 부정부패를 개혁하려는 선의로 해석할 뿐이었다.

그런데 2013년 8월 노태강 체육국장과 진재수 체육정책과장에 대한 대기발령 인사가 났다. 여러 명의 인사가 나는 정기 인사도 아니었고, 두 사람에 대한 대기발령이었다. 대기발령은 특별한 경우에 나는 인사이다. 무슨 일이 벌어진 것이다. 대통령의 심기에 어긋나지 않고서야 벌어지기 어려운 일이었다. 이해가 되지 않았다. 대통령과 체육의 관계를 이해할 수 없었다. 그 어느 대통령도 체육 분야에 그토록 관심에 둔 적이 없었기 때문이다.

나는 그 이면에서 벌어진 일을 2016년 9월 20일 〈한겨레〉 1면에 실린 정윤회, 최순실 씨의 사진을 통해 짐작할 수 있었다. 사진에서 두 사람은 2013년 4월 상주국제승마장에서 개최된 한국마사회컵 전국 승마대회에서 정유라를 응원하는 관람석에 앉아 있었다. 승마협회에 대한 운영에 불만이 있던 정권 실세가 자기 뜻대로 승마협회를 좌지우지하기 위해 승마협회 감사를 벌여 자신의 구미에 맞는 사람들로 채우려 했는데, 노태강 국장이 이를 들어주지 않았기 때문에 벌어진 일이었다. 노태강 국장은 경질된 지 1개월 만에 국립중앙박물관의 교류문화단장으로 자리를 옮겼다. 그리고 박 대통령이 재임하는 기간 문체부 본부에는 결코 발을 디딜 수 없는 상황이 되었다.

　　노태강 단장이 또다시 세상의 주목을 받게 된 것은 2016년 그렇게 2년여를 국립중앙박물관에서 보냈을 즈음 대통령이 했다고 신문에 보도된 "그 사람 아직도 있어요?"라는 말 때문이었다. 대통령의 뒤끝은 너무도 길어 노태강 단장이 그 자리에 있는 것을 알자 가만히 둘 수 없었나 보다. 당시 중앙박물관에서는 '한불수교 130주년' 사업으로 프랑스 명품 전시를 하라는 청와대의 지시를 거부한 김영나 중앙박물관장이 사임하는 일이 벌어졌다. 대통령은 그 일마저 노태강 단장의 역할이 있었을 것이라 생각했을 가능성이 높다. 퇴진 압력을 받은 노태강 단장은 사직할 의사가 없음에도 사직서를 제출했고, 2016년 5월 말 영욕의 문체부 생활을 마감했다. 나중에 들은 이야기로는 이때 노태강 단장이 사직한 것은 프랑스 명품 전시 거부와 관련한 전시과장과 학예연구관 등 부하 직원의 인사 조치 없이 자신의 사직으로 모든 일을 종결, 처리하려는 배려가 있었음을 알 수 있었다.

　　그런 그가 새 정부 들어 2017년 6월 문체부 제2차관으로 화려하게 복귀했다. 노태강 차관은 공무원의 특성이 신분과 맡은 일의 공공성에 있다는 데 누구보다 투철한 공무원이다. 그는 "공무원은 숨 쉬는 것조차 공공성을 가져야 한다"고 했다. 우리 대부분은 상사의 부당한 지시가 있을 때 공무원으로서 상사의 지시를 이행하지 않을 수 없었고 당시 상황에서 부당한 지시를 거부해도 소용이 없었을 것이라 자위하고 만다. 그러나 노태강 차관은 평소 "내가 거부하지 않음으로써 거부하는 사람이 두 사람이 되고 세 사람이 되고 나아가 우리 모두가 될 수도 있었을 가능성을 처음부터 차단한 잘못은 어찌할 것인가, 자신을 배신하지 않는 일이 가장 중요하다"고 했다.

노태강 단장은 차관이 된 후 예고 없이 조용히 사무실을 찾곤 했다. 장차관들이 사무실을 방문하는 일은 취임이나 퇴임, 그리고 신년 인사를 할 때 정도이다. 그런 상황에서 누구도 대동하지 않고 홀로 사무실에 불쑥 나타난 것은 이례적인 일이었다. 함께 있음을 확인하고 싶었을 것이고, 또한 함께 있음을 확인시켜주고 싶었을 것이다.

블랙리스트 시대의 공무원

A 과장은 참 유쾌하고 매사에 긍정적인 언니 같은 선배였다. 능력 있는 여성 공무원으로 동료들의 높은 신뢰를 얻었다. 사무관 시절

국제대회를 성공적으로 이끌어 당당히 특별 승진을 하기도 했다. 1년 동안 교육을 다녀온 후 A 과장이 맡은 업무는 대통령이 중요하게 생각한 업무였다. 대통령은 새로운 국가 브랜드 슬로건을 만들고 국내외로 널리 알리면, 국민들이 국가에 대한 자부심을 갖게 될 것이라고 여겼다. 김종덕 장관이 문체부의 수장으로 올 때 받은 미션이 그 사업이라는 이야기도 돌았다. 전임 과장이 이 일을 신속하게 수행하지 못했다고 해서 한직으로 밀려났다는 소문도 있었다.

A 과장은 힘들어했다. 국정농단의 주역이었던 이름들이 이 사업을 통해 본인들의 이익을 관철시키려는 목적에서 사업을 시작했다는 보도가 쏟아졌다. 하이에나같이 달려드는 언론에 시달렸고, 끊임없이 자료를 요구하며 호통치는 국회로부터 자유롭지 못했다. 감정노동을 하고 있었다. 우울의 시대를 건너고 있었다. A 과장은 공직 생활 가운데 가장 어려운 시간을 보내고 있다고 했다. 이러려고 공무원이 되었나 하는 자괴감에 시달렸다고도 했다. 마음의 우울은 몸으로 전이되어 아팠고, 그때서야 그 업무에서 벗어날 수 있었다. 시대가 우울을 만들 수 있구나 알게 되었다. 어쩌면 박근혜 시대를 살면서 많은 문체부 공무원들의 내면이 그러했을 것이다. 우울의 시대를 건너온 그 상처는 어떻게 회복될 수 있을까? 조직의 일원으로 겪었던 우울과 아픔을 조직은 당연한 것으로 여겨서는 안 된다. 기억하고 잊지 말아야 한다.

심리학자 알프레드 아들러는 '미움 받을 용기'를 이야기했다. 자유도 행복도 모두 용기의 문제이며 환경이나 능력의 문제가 아니라는 것이 아들러 심리학의 요점이다. 변하고자 하는 용기, 앞으로 나아가려는 용기, 미움 받을 수 있는 용기가 있다면 우리의 인간관계는 한순간에 달라지고 행복해질 수 있을 것이라 했다. 나에 대한 타인의 평가에 흔들리지 않고 타인이 나를 싫어해도 두려워하지 않으며, 인정받지 못한다는 생각을 떨치면 자신을 잃지 않을 수 있다. "우리는 능력이 부족한 것이 아니라네. 그저 용기가 부족한 거지. 모든 것은 용기의 문제라네"라는 아들러의 이야기를 되새기고 싶다.

블랙리스트라는 시대의 사건을 온몸으로 겪은 이들은 실무자들이다. 정부 부처에서 그 일은 5급 사무관, 6, 7급 주무관들이 맡고 있다. 업무에 대해 가장 잘 알고 있어 실무적인 판단을 하는 이들이다. 블랙리스트의 실행 과정에서 그 리스트를 만들고, 한국문화예술위원회와 영화진흥위원회, 출판산업진흥원 등의 산하기관에 통보하는 '누추한' 일은 그들의 몫이었다. 그리고 이 모든 것은 과장에서부터 장관으로 이어지는 윗사람의 지시 속에서 이루어진 조직적 행위였다. 그러나 법의 잣대 앞에서는 개별자로 설 수밖에 없고, 그 잣대 앞에 조직은 결코 보호막이 되지 못했다. 블랙리스트 사건이 남긴 것은, 철저히 한 사람의 사무관, 주무관으로 우리가 개별자로 살아간다는 것에 대한 자각이었다. 개별자로 내 역할에 대한 인식과 내 역할의 권한과 책임으로 공무를 수행하는 것이다. 조직과 상사가 지시를 내리지만, 일이 터졌을 때 그 조직과 상사는 결코 나를 보호할 수 없다는 사실을 알게 된 것이다.

2016년 9월 27일은 국정감사가 있었던 날이다. 그해 국감장에서 야당의 주요 타깃은 권력 실세와의 연결고리라는 의심이 눈처럼 쌓여가던 체육 분야의 K스포츠 재단과 문화콘텐츠 분야의 미르 재단이었다. 박근혜 정부 국정농단 사건의 핵심이 되는 재단들이다. 야당 의원들은 K스포츠 재단과 미르 재단의 법인 설립 허가가 하루 만에 이루어진 경위를 문제 삼았다. 법인 설립 허가, 특히 정권 실세와 관련된 법인은 밑에서 실무적으로 판단해서 결정할 수 있는 일이 아니다. 거꾸로 장차관, 실국장들의 지시에 의해 검토하도록 내려오는 경우가 많다. 그런 경우, 관련 서류들이 승인 요건에 걸맞도록 보완하는 것이 실무자의 권한으로 할 수 있는 유일한 일이다.

장차관, 실국장들은 침묵했다. 참다못한 야당 의원들은 그러면 실무자라도 참석시키라며 호통을 쳤고, 실무자가 늦은 시간에 국회에 불려왔다. 국회 상임위장에 6, 7급 실무자가 증언대에 선 것은 국회 역사상 처음일 거라는 말도 돌았다. 그날 국감장의 핵심 인물은 그들이었고, 이를 지켜본 우리들은 실무자까지 증언대에 세운 조직에 대한 실망과 비분으로 그날을 보냈다.

6, 7급 실무자들은 너무도 의연하게 답변했다. 당시 미르 재단 법인 설립 허가 기안을 한 직원은 7급 B 주무관이었다. 그는 견습 직원으로 이제 공직에 들어온 지 3개월밖에 되지 않은 친구였다. 오전에 전국경제인연합회(전경련)에서 전화를 받고 과장에게 허가를 받아 점심 무렵 KTX를 타고 전경련 실무자를 만나 설립 허

가 서류를 받고, 그날 오후 문체부 서울 사무소에서 법인 설립 허가 기안을 상신했다고 했다. 야당 의원들은 따졌다. 세종 문체부 청사에 남아 있던 사무관과 과장은 퇴근 시간 이후까지 남아 법인 설립 허가 상신 문서에 결재를 하고, 그다음 날 아침 국장이 결재를 하면서 미르 재단에 대한 허가는 하루도 안 되는 사이에 이루어진 것인데, 이것이 있을 수 있는 일이냐고 했다.

야당은 미르 재단 같은 핵심 재단의 설립에 청와대로부터의 지시가 없을 수 없고, 그 압력이 강하여 문체부가 전경련을 찾아가 서류를 받는 서비스를 하고, 급하게 결재를 올려 법인 설립 허가를 처리한 것 아니냐고 따져 물었다. 미르는 박근혜 대통령의 지시로 삼성, 현대 등 기업들로부터 5백억 원의 출연을 받는 통로가 된 재단이었다. 청와대 경제정책비서관실이 소집하여 각 기업들로부터 미르 설립에 관련된 자금을 지원받기 위한 회의가 청와대에서 있었고, 그 역할 분담으로 문체부는 시급히 미르 재단 설립을 허가하는 일을 분담하게 된 것이었다.

이 사실을 알고 있을 간부 공무원들은 침묵했다. B 주무관은 지시에 의해 그 일을 기능적으로 수행한 실무자일 뿐인데, 답변의 책임은 그 앞에 당도해 있었다. B 주무관은 침착했다. 가끔은 통화한 사람이 남자인지, 여자인지도 기억하지 못한다고 답변했다. 슬펐다. 답답했다. "한눈에 알 수 있는 성별까지도 기억을 해야 알 수 있냐"는 야당 의원의 질타도 있었다. 공무원이 된 지 3개월밖에 안 된 그는 법인 설립 업무는 주무관으로서의 판단이었고 그것은 독립적인 것으로 자신의 판단에 의해 할 수 있는 것이라고 당당히 말했다. 야당 의원은 "어떻게 주무관이 그렇게 할 수 있는지 조직 생활 해본 사람은 다 아는데 그걸 말이라고 하냐"며 호통을 쳤다.

문체부는 B 주무관에게 법인 설립 허가가 윗선의 지시에 의해 수행한 일임을 감추라고 지시했을 수도 있다. 아니면 조직과 상사의 어려운 상황을 눈치챈 B 주무관이 논개처럼 자신의 모든 것을 던져 사건 현장으로 들어간 것일 수도 있다. 그 대범함은 어디서 나오는지, 어떠한 마음의 결심이 있었기에 높으신 의원들 앞에서 기에 눌리지 않고 당당하게 말할 수 있는 것인지 알 수 없었다. 공직 초임 시절, 너무도 큰 사건 속에 휘말렸던 B 주무관은 어디에서 무엇을 하고 있을까. 그때 너무 미안했다고, 누구도 책임지겠다 나서지 않을 때, 주무관이라는 자그마한 권한이라도 소중히 여기며 잘 답변했다고, 그러나 앞으로는 '돼지에게 진주를 주지 마라'고 이야기하고 싶다. 당신의 그 충정과 전문성을 진짜 가치 있는 일에 쓰라고 말하고 싶다.

불의한 시대 공무원의 일

우리는 항상 지시를 이행하기 위해 열심이어야 한다고 배웠다. 그러나 세상을 어둡게 하는 일에 참여한 자의 열심은 세상에 근심의 산을 쌓을 뿐이다. 철저히 저항하고 거부하지 못할 것이었으면, 그 지시를 이행하는 데 게으르기라도 했어야 한다. 과거 정부 시절, 카지노 허가를 내주라는 정권의 요구에 맞서 법령 개정이라는 묘책을 내서 시간을 끌고, 결국 정부가 바뀌면서 유야무야하게 만든 경험을 가진 사무관을 본 적이 있다. 그는 "그렇게까지 할 필요 있냐"며 허가를 빨리 내주길 원하는 청와대와 기재부의 경제 부처 관료들의 압력에도 굴하지 않고 실무 담당자로서의 판단을 고수했다. 그리고 더 이상 버티지 못했을 때 남성 공무원으로서 육아휴직이라는 방법을 사용했다. 사보타지(태업)라는 방법을 통해 불의한 일에 협력해야 하는 상황을 지연시킨 것이다. 결국 담당 사무관의 공백과 정부의 교체 속에서 불의한 허가는 이뤄지지 않았고, 그 일로 세상은 더럽혀지지 않았다.

K스포츠 재단과 관련해서는 오랜 공무원 생활을 하며 예산, 서무, 법인 설립 등의 절차에 능숙한 C 주무관이 의원들의 집중 공격을 받았다. 행정 베테랑인 C 주무관은 의원들의 질문에 조목조목 잘 답변했다. 2017년 나는 C 주무관과 같은 국에 근무했다. 그는 가끔 사무실 복도에서 누군가와 통화를 하고 있었다. 타고난 성정이 성실한 C 주무관은 일복이 많았다. 불의한 시대, 일복이 많다는 것은 아픔과 고통도 동일하게 크다는 것을 의미했다. 문체부 사업들에 대한 대대적인 감사원 감사가 이루어지고 있었고, 그가 복도에서 받는 전화의 대다수는 감사원 감사관으로부터 걸려온 전화였다. 감사 결과 베테랑인 C 주무관도 징계를 피해가지 못했다. 늘 그에게 진짜 고생 많았다고 말해주고 싶었다. 불의한 시대의 일

복이 그에게 다시는 오지 않았으면 좋겠다. 그동안 고생 많았으니 더 이상 그가 번민의 세월을 보내지 않았으면 좋겠다. 그리고 가끔은 C 주무관이 너무 부지런하고 성실하지 않았으면 좋겠다. 가끔 꾀도 부렸으면 좋겠다. 너무 열심히 사는 것, 그것 또한 자랑이 되지 못하는 시대가 있다.

집단은 내부의 어려움을 처리하는 과정에서 누군가를 공격하고 희생양을 만드는 비겁한 속성이 있다. D 과장이 있었다. 그는 행정고시에 합격하고 정부 조직 개편에 따라 뒤늦게 문체부에 합류했다. 천성이 파이터인 그는 성과주의적 성향이 강해 일로써 승부를 보고자 했다. 거침없이 일했으며 업무 능력을 인정받았다. 그의 언행은 다른 조용한 문체부 관료들과는 달랐고, 도드라졌다. 그는 실세 차관에게 신임을 받았다. 실세 차관은 D 과장에게 많은 것을 의존했다. 자신의 권력을 확장하기 위해 누군가로부터 조직 내부의 돌아가는 이야기를 들어야 했을 것이다. 실세 차관이 위세를 떨치던 시절, 많은 문체부 공무원들이 D 과장과 협력하기를 원했고, 그의 도움을 받았다.

촛불이 타오르자 실세 차관은 몰락했다. 그의 영향력 안에서 숨죽이고 있던 동료들은 문체부가 겪는 어려움의 원인 제공자로 D 과장을 주목했다. 블랙리스트와 K-미르 등 문체부를 둘러싼 새로운 사건들이 매일 언론지상을 도배하고 있던 그 시절, D 과장은 마타도어에 시달렸다. 국정농단 사건에 협력한 문체부 부역자 명단을 국회에 넘겼다는 소문도 있었다. 새 정부가 구성되면 자신에게 큰 역할을 달라며 유력 국회의원을 찾아갔다는 이야기도 있었다. 문체부 직원들은 자신들이 당하는 어려움의 기저에는 D 과장의 밀고가 있었다고 의심하기 시작했다. 의심은 확신이 되었고 신념이 되었다. 상처 입은 조직은 그들이 불편했던 누군가를 마녀로 삼아 상처를 전가했다. 나는 이 상황이 마녀사냥처럼 느껴져 내내 불편했다. 그는 거친 언사로 이에 항의했으나 그 흐름을 막지 못했다. 그는 한직으로 밀려났다. 그때 나는 항간에 떠도는 확인되지 않은 소문을 기정사실화하면서 좌천 인사를 한 조직의 결정을 이해할 수 없었다. 박근혜 정부 청와대 민정수석실에서 압력을 행사하여, 문체부 국과장 6명을 좌천시킨 사건이 있었다. 김종 차관이 청와대 민정수석실에 전달한 메모가 발단이 되었다. 그런데 민정수석실에 동료들의 상황을 보고하고, 문체부 직원 6명의 명단을 넘겨준 일도 D 과장의 책임이 되고 있었다. 우리 안의 집단적 불안의 분위기에서 우리에게 쏟아지는 비난의 화살을 피하기 위해 우리는 또 다른 희생양을 찾고 있었다. 그가 믿었던 실세 김종 차관 또한 그를 배신했다. 김종 차관은 그 책임을 D 과장에게 미루고 있었다.

한 부처의 과장이 민정수석실에 동료 6명을 밀고하고 그 밀고로 6명이 좌천될 만큼의 영향력을 가지고 있었던 것일까. 아니면 문체부에 자신의 권력을 계속 유지하고자 했던 실세 차관이 민정수석실의 힘을 빌려 이를 성사시키려 했던 것일까. 무엇이 합리적인 추론인가. D 과장이 했던 역할은 실세 차관이 궁금해하는 사안에 대해 정보를 제공하는 일이었을 것이다. 그의 잘못이라면 사람을 보는 눈이 밝지 못했던 것이고, 시대의 흐름 또한 그의 편이 아니었다. 일 잘하고 네트워킹 능력이 좋다는 평판은 사라졌다. 조직 내에서 동료와 선후배들의 신뢰를 되찾기까지 많은 시간이 흘러야 할 것이다. 능력 있는 공무원이 될 것이라는 그의 열정과 패기가 다시 용솟음칠 수 있을까? 누군가 그를 비판하고 나 역시 그의 모든 말과 생각, 행동에 동의할 수 없을지라도 그가 일할 때 보여준 능력, 거침없음과 배짱을 난 계속 응원할 것이다.

어떻게 존엄성을 회복할 것인가

블랙리스트 사건 속에서는 문체부 공무원뿐만 아니라 문체부 산하기관인 한국문화예술위원회 직원들도 자주 등장한다. 한국문화예술위원회의 직원 자리는 문화예술을 사랑하는 사람이면 누구나 가보고 싶어 하는 자리다. E 부장은 그중에서도 가장 중요한 창작지원 부장을 맡고 있었다. 예술인들을 가장 잘 도울 수 있는 자리로 기쁨이자 자랑일 수 있는 일이었다.

내가 알고 있는 E부장은 지극히 성실했다. 그는 박근형 연출의 〈모든 군인은 불쌍하다〉의 지원 포기 종용이 문제되었을 때, 그 업무를 총괄한 부장이었다. 그 일로 국회 증언대에 섰고, 징계를 받기도 했다. 지시한 자는 없고, 자의적 판단, 개인적 일탈, 복무 규정 위반이라는 단어만 흘러나왔다. 세월호와 관련된 작품의 지원 배제와 관련해서, 야당 의원이 물었다. "징계받는다고 하면 혹시 억울한 것은 없습니까?" E 부장은 말했다. "기꺼이 받겠습니다."

E 부장과 그의 상사인 본부장이 2015년 종합감사장에 섰을 때, 나는 본부장에게 문자를 보냈다. 너무 고생했고, 문체부 공무원으로서 미안하다는 메시지였을 것이다. 그런데 그는 문체부 공무원들을 결코 탓하지 않았다. 문체부 공무원들도 더 고생이 많을 거라고 했다. 그들은 그렇게 우리를 탓하지 않았다. 산하기관 직원의 숙명인 듯, 자신의 책임을 받아들였다.

2017년 E 부장은 블랙리스트 재판 증언대에 서서 신문이 끝난 후 소회를 담은 낭독문을 읽었다. 낭독문에서 그는 이미 지원심의에서 결정된 사업을 되돌려야 하는 등 도저히 말도 안 되는 명령을 실행해야 하는 개인적 고통도 고통이었지만, 그러한 상황 속에 놓인 대한민국의 현실이 너무너무 슬펐다고 했다. 배제 리스트가 한창일 때, 근 1년 간 그가 받은 유일한 지시는 '어떻게 배제할 것인가'였다고 한다. 그는 배제를 지시한 문체부 실국장을 향해 어둠이 지났으니 새 정부에서는 대한민국을 살리는 명령을 내려주시기를 부탁드리며, 모든 공정하지 못한 지시는 막아주시고, 대한민국을 살리는 평화를 만드는 지시를 내려주기를 바란다는 요청으로 낭독문을 끝맺었다.

산하기관 직원으로서, 정부가 오른쪽으로 가라고 하면 오른쪽으로 가야 하는 자신들이 할 수 있는 일은 100보 명령을 받았을 때, 그 명령이 부당할 경우, 70보, 50보, 30보로 줄여서 가는 정도가 할 수 있는 최선이었다고 했다. E 부장에게 하고 싶은 말은 그도 이미 잘 알겠지만, 조직이 당신을 보호하리라 믿지 말라는 것이다. 모든 책임은 나의 몫이라는 것이다. 그리고 국정감사장에 다시 서는 일이 있다면, 그때는 당신에게 불의한 명령을 내린 사람이 누구인지 당당하게 지목하고 솔직히 이야기하라는 것이다. 세상에 정의가 살아 있다면, 진실을 말한 사람을 보호하리라. 그리고 그들에 의해 세상은 한 걸음 한 걸음 전진하리라.

누군가는 이 블랙리스트 사건에서 '시키면 할 수밖에 없지 않나?'라고 말할 수 있다. 윗사람의 지시라 할지라도, 내 권한과 법적 테두리 내에서 할 수 있는 것이면 해줄 것이며, 내 권한과 양식, 법적 허용성을 판단하여 할 수 없으면 안 하는 것이다. 그래서 지시에 의한 일도 내가 처리하면 결국 내 일이 되는 것이지 윗사람의 일이 되는 것이 아니다. 우리 업무 영역에서 일어나는 많은 일들은 그것이 누군가의 지시에 의해 일어난다 할지라도 결국은 내 책임 하에 일어나는 것이라는 평범한 진리이다. 그 결과에 대해 책임져야 하는 것도 나이다. 윗사람이 시켜서 했다는 말만큼 비겁한 말이 없다. 우리가 보스가 명령하는 대로 하는 조직폭력배의 세계에 살고 있는 것은 아니지 않는가.

불의한 시대를 사는 살아남은 자의 슬픔이 있다. 불의한 시대는 그 시대를 사는 사람의 인간성을 황폐화시킨다. 땅에서 넘어진 자 땅을 짚고 일어나라因地而倒子 因地而起는 말이 있다. 땅을 떠나서 일어나려고 하는 것은 옳지 않다. 우리 땅에서 일어난 일이다. 잘

못한 것도 우리이고 부당한 지시를 이행한 것도 우리이다. 부당한 권력자의 문제만으로 넘길 수도 없다. 불의한 시대에 공무원으로 일하게 된 우리의 불운을 원망할 수는 있을 것이다. 하지만 땅을 짚지 않고 일어날 궁리를 할 수는 없다. 그 오류를 시정하고 철저히 반성하고 다시는 그러한 일이 일어나지 않도록 마음을 다잡고 그 마음을 딛고 일어나야 한다. 우리는 넘어진 땅, 그 땅을 짚고 우리의 존엄을 회복해야 하므로.

시대가 우울을 만들 수 있구나 알게 되었다. 어쩌면 박근혜 시대를 살면서 많은 문체부 공무원들의 내면이 그러했을 것이다. 우울의 시대를 건너온 그 상처는 어떻게 회복될 수 있을까? 조직의 일원으로 겪었던 우울과 아픔을 조직은 당연한 것으로 여겨서는 안 된다. 기억하고 잊지 말아야 한다.

우리는 왜
저항하지 못했나

'나는 자랑스러운 대한민국의 공무원이다. 헌법이 지향하는 가치를 실현하며 국가에 헌신하고 국민에게 봉사한다.' 공무원헌장의 전문이다. 사무실 책상에 붙어 있는 이 글을 보며 일을 하고, 이 글을 보며 하루를 정리하고 퇴근하는 일상을 살아가고 있다. 동시에 나는 우리나라 문화예술 행정을 책임지는 문화체육관광부 공무원이기도 하다. 돈으로 환산할 수 없는 문화의 가치가 소중하다고 생각하는 문체부 공무원 대다수가 그러할 것이다. 우리는 문화예술의 가치가 온 세상에 만개하는 그런 삶을 꿈꾸며 살아간다.

2017년 1월 13일은 이러한 문체부 공무원으로서의 삶에 말할 수 없는 충격과 자괴감을 안긴 날이었다. 정부가 1만여 명에 가까운 예술인 블랙리스트를 만들어 실행한 것에 항의하며 예술인들이 1박 2일 정부세종청사 문체부 앞으로 항의 농성을 왔다. 그들은 '장관은 사퇴하라', '문화계 블랙리스트는 바로 당신' 등의 피켓을 들고 정부가 '문화예술계 블랙리스트'를 만들어 문화예술 행정의 가치를 파괴했다는 데 분노했다. 공무원들의 출근을 막는 출근 저지 투쟁도 있었다. 그들은 추운 겨울 광화문광장에 '문화예술인 텐트촌'을 만들고 표현의 자유를 보장한 헌법 가치를 훼손한 사건에 저항했다.

1980년 광주와 2014년 세월호가 떠오른다. 1980년 광주 시민들은 방송사가 광주항쟁을 왜곡 보도하는 데 분노하여 광주 MBC로 달려가 불을 질렀다. 2014년 세월호 유가족은 국민이 내는 시청료로 운영되는 공영방송의 방송 태도에 분노하여 세월호 아이들의 영정을 들고 "국민께 알려달라"며 여의도 KBS 본사를 항의 방문했다. 2017년 1월은 1980년 그날과 같았고, 2014년 그날과 같았다. 조직이 지켜내야 할 근원적 가치를 상실했을 때 조직의 가장 중요한 지지 집단의 신뢰는 무너진다. 신뢰를 잃은 조직이 무슨 일을 할 수 있을까. 그래서 지지 집단의 신뢰 철회가 조직의 운명에서 가장 비참하고 무서운 것이다.

광주 시민, 세월호 유가족, 예술인들의 함성은 자연을 꿰뚫는 큰 목소리의 절규라는 점에서 데자뷰였다. 또한 그것은 공무원헌장 속 헌법 가치의 실현자라는 자기 정체성에 대해 자괴감을 느끼는 나 자신의 모습이기도 했다. 나는 청사 안에 머무른 채 그들의 모습을 유리창 너머로 멀뚱히 지켜보기만 했다. 왜 우리는 내가 봉사해야 하는 그들로부터 비판을 받게 되었는지, 이 사건의 본질은 무엇인지 물어야 했다.

민주주의 시대의 관료

"홀로코스트 이후에도 서정시가 가능한가." 독일의 철학자 테오도어 아도르노Theodor Adorno가 홀로코스트가 가져온 충격을 표현한 말이다. 블랙리스트 이후 문화예술 행정은 불가능해졌다. 홀로코스트 이후 독일의 지성계가 충격에서 쉽사리 헤어날 수 없었던 것처럼, 블랙리스트 이후 문화예술 행정에 종사하는 사람들은 한동안 그 트라우마에서 벗어날 수 없을 것이다. 홀로코스트 이후 독일 지성계는 끊임없이 성찰하고 그러한 사건이 다시는 반복되지 않도록 조심했다. 블랙리스트도 마찬가지이다. 블랙리스트가 공직 사회에서 어떻게 작동되었는지 이해하는 일은 과거를 긁어 부스럼 만드는 일이 아닌, 현재를 두 눈 부릅뜨고 바라보는 자각 행위이다. 공식적인 사과가 이루어졌지만, 블랙리스트를 망각하는 일은 위험하며, 기억을 끊임없이 떠올리는 기억 투쟁이 필요하다.

블랙리스트 사건이 공무원으로서의 삶에 던진 중요한 의미는 이것이 '맡겨진 임무에 충실한' 우리 부처 내부에서 이루어졌다는 것이다. 우리는 성실하며 인내심 많고 법의 준수와 절차적 운용을 신뢰한다. 이러한 관료의 성격에 대해서는 이미 독일의 사회학자 막스 베버Max Weber가 《소명으로서의 정치Politik als Beruf》(1919)에서 규정한 바 있다. 베버는 관료제가 무엇보다도 순전히 객관적 고려에 따라 행정 기능을 전문화한다고 보았다. 진정한 관료는 '분노도 편견도 없이' 그의 직무를 수행해야 한다. 반면 정치가는 소명으로서의 정치를 펼치기 위해 열정적 헌신, 책임감, 균형감으로 단련되어 있어야 한다. 그래야 모든 희망이 좌절되었을 때 견뎌낼 수 있는 정치가의 근육이 형성된다는 것이다.

베버에게 관료의 명예는 상급자가 그의 이의 제기에도 잘못된 명령을 고수할 경우 상급자의 책임 아래, 마치 그 명령이 자신의 신념과 일치한다는 듯, 양심적이고 정확하게 명령을 수행하는 능력에 기초한다. 베버는 관료들의 강력한 도덕적 자기 통제와 자기부정 없이는 관료제 조직이 붕괴될 수밖에 없다고 본 것이다. 그렇게 법적 지배에 따른 복종의 의무는 관료제를 지탱하는 주요한 원리가 된다.

하지만 베버가 살던 시대는 19세기 말 20세기 초로 현대의 관료제에 그의 생각을 그대로 적용할 수는 없다. 21세기 민주주의 시대 관료는 효율성뿐 아니라 대응성과 책임성을 가져야 한다. 영혼 없는 전문가, 감정 없는 감각주의자라는 막스 베버식의 관료제는 이 시대에 제한적으로 적용될 수밖에 없다. 그러니 그 정의는 수정되어야 마땅하다. 관료제 내에 민주성의 함양이 필요하고 이러한 가치가 확산되었을 때 블랙리스트는 방지될 수 있다.

저항보다 순종을 택하는 이유

폴란드 출신의 사회학자로 유럽을 대표하는 사상가인 지그문트 바우만Zygmunt Bauman은《현대성과 홀로코스트Modernity and The Holocaust》(1989)라는 책에서 6백만 명의 유대인이 죽은 홀로코스트에 관료제가 어떻게 기여했는지를 밝히고 있다. 그는 관료제의 효율성 추구가 현대성의 그늘이 되어 홀로코스트를 가능하게 했다고 분석했다. 그것은 실로 하나의 특별한 역할을 부여받은 조직 사회였다. 엄청난 대량학살을 실행하면서 관료 조직은 올바른 관료적 절차, 정확한 규정의 미세한 차이, 관료제적 규제, 법의 준수에만 관심을 기울였다. 홀로코스트는 우리에게 효율성에 대한 관료적 추구가 얼마나 형식적이며 윤리적으로 맹목적인가를 상기시킨다.

관료들이 조직과 상사의 명령에 저항하지 않고 복종하는 것은 관료 사회의 오랜 관행 속에서 단련되었다. 하지만 그 명령이 말도 안 되는 경우일지라도 복종하게 될까. 심리적으로 공무원들이 잘못된 명령에 저항하기보다 순종을 택하는 이유는 무엇일까. 왜 우리는 블랙리스트를 실행하라는 명령에 저항하지 못했을까. 누군가 그런 권위에 맞닥뜨려 저항했더라면 블랙리스트가 그렇게 광범위하게 번지는 일은 없었을 것이다.

미국의 사회심리학자 스탠리 밀그램Stanley Milgram은 1963년 한 실험을 한다. 이 실험은 인간의 복종에 관한 행동과 심리를 밝히는 실험으로 사회적 파장을 일으켰다. 그의 책《권위에 대한 복종Obedience to Authority》(1974)에 이 실험의 내용이 자세하게 기록되어 있다. 그는 이 실험이 갖는 비윤리성으로 한동안 학회로부터 자격 정지를 당하기도 했다. 많은 사람들에게 충격을 준 이 실험의 결론은 '인간은 비합리적 권위에 대해서도 복종하게 되어 있다'는 것이었다.

스탠리 밀그램은 두 사람을 실험실로 불러내어 한 사람에게는 선생의 역할을, 한 사람에게는 학습자의 역할을 준다. 학습자는 고용된 연기자이고 실험이 주목하는 대상은 선생의 행동이다. 선생에게는 처벌이 학습에 미치는 영향을 알아보기 위한 실험이라고 설명했다. 학습자의 양팔을 의자에 묶은 후 전극봉을 손목에 부착한다. 선생은 실험실로 들어가 전기충격기 앞에 앉는다. 스위치는 약한 충격부터 강한 충격까지 스티커가 붙어 있다. 선생은 학습자가 바르게 응답하지 못했을 때 낮은 단계에서부터 높은 단계로 전기 충격의 세기를 높여야 한다는 설명을 듣는다.

고용되어 연기를 하는 학습자는 충격이 가해지면 신음소리를 낸다. 전기 충격이 강해지면 그 소리 또한 더욱 고통스러워진다. 실험자는 선생에게 더 심한 충격을 가하라고 한다. 보통 사람이라면 타인에게 기꺼이 고통을 주려고 하지 않는다. 누군가를 때리라고 했을 때 누가 그 명령에 복종하여 회초리를 들 것인가. 만약 내가 그 선생이라면 학습자가 고통스러운 소리를 낼 때 실험을 포기하고 실험실 바깥으로 나오지 않을까.

그런데 실험 결과는 예상과 달랐다. 대부분의 선생이 실험자의 지시에 따라 조금씩 전기 충격의 세기를 높여가 마지막 단계에까지 이르렀다. 선생은 실험자의 지시에 복종하는 심리적 특성을 보인 것이다. 밀그램은 이 실험을 통해 인간에게는 보통 복종의 심리가 있다고 결론을 내렸다. 왜 이러한 복종 심리가 나타날까. 실험자를 돕겠다는 처음의 약속을 지키려는 소망, 그러한 약속의 철회가 갖는 어색함이 선생 역할을 맡은 사람으로 하여금 실험자의 명령에 복종할 수밖에 없게 만든 것이다.

이러한 상황은 공직 사회에서도 발생한다. 공직 사회에서 공무원들은 상사의 명령에 복종하는 것, 조직이 지시하는 것을 잘 수행하는 것을 공무원의 덕목으로 여긴다. 그래야만 공직 사회가 유지될 수 있다고 생각하기 때문이다. 하지만 상사에게 복종하고 조직에 순응하다 보면 자기 생각이라는 건 사라지게 마련이다.

관료제라는 상하 위계 구조에서 우리는 자기 내면의 동기에 행동을 맞추는 것이 아니라 높은 지위에 있는 사람의 동기에 행동을 맞추는 방향으로 살아왔다. 나 스스로를 자기 소망을 실행하기 위한 도구가 아니라 조직의 요구를 실행하는 도구로 포지셔닝한다. 자신의 지위를 그렇게 규정하고 나면 권위자와의 관계를 자유롭게 깰 수 없게 되고, 살얼음판을 걷듯 윗사람의 심기를 살펴 이를 거스르지 않는 것을 중요한 덕목으로 삼게 된다.

사람들을 관찰하는 것만으로도 공무원 집단의 특수성을 이해할 수 있다. 공무원들은 대개 어려서부터 모범생 소리를 들었던 사람들이다. 부모님과 선생님으로부터 칭찬을 받으며 자라왔다. 순종적이었을 것이며 성실했을 것이다. 하루에 10시간 이상 노량진, 신림동 공무원촌에서 공부하여 시험에 통과한 것을 보면, 인내심과 성실성은 다른 어떤 집단보다 강력하다. 미래를 위해 현재를 저당 잡히는 삶에 불평불만도 그리 크지 않았을 것이다. 외부의 기대에 자신을 맞출 줄 안다. 그래야 칭찬을 계속 들을 수 있으니까.

공무원들은 권위에 대해 저항하는 DNA보다 순종하는 DNA를 천성적으로 많이 가지고 있는 사람들이다. 또한 한국 사회는 유교적 입신양명과 출세와 승진이 삶의 목표인 성공 지상주의가 깊숙이 뿌리박힌 사회다. 이러한 사회에서 사무관이 되고, 서기관이 되고, 고위 공무원이 되고, 차관이 되고, 장관이 되고 싶은 것은 당연한 욕망이다. 출세와 승진을 하려면 조직의 요구에 순응하여 자신의 능력을 보여주어야 한다. 그래서 위법한 명령에 대한 저항보다 복종의 심리가 자연스러워진다. 그렇게 블랙리스트는 실행되었고, 그 체제는 상당히 오랜 시간 저항 없이 작동하게 된 것은 당연한 욕망이다.

어디서부터 시작해야 할까. 일부는 태어날 때부터 타고났고, 일부는 교육과 사회 환경 속에서 길러진 복종의 심리를 어떻게 적절히 제어할 수 있을까. 블랙리스트 사건과 같이 위법한 명령을 실행하는 공직 사회가 나타나지 않으려면 무엇부터 시작해야 할까. 위법한 명령에 대한 복종 의무가 없음에 대한 명시적인 선언이 필요하다. 법을 제정하자는 움직임도 있다. 그러나 우리는 이미 유의미한 판례를 가지고 있다.

1997년 대법원은 12·12 내란음모 사건과 관련해 전두환·노태우 두 전직 대통령에 대한 판결을 내렸다. 이때 대법원은 두 대통령과 함께 행동한 군인들의 책임 또한 평가했다. 대법원은 당시

"상관의 위법한 명령에 따라 범죄행위를 한 경우에는 상관의 명령에 따랐다고 하여 부하가 한 범죄행위의 위법성이 조각될 수 없다"(대법원 96도3376)고 결론을 내렸다. 즉 명령에 복종했다고 하여 행위 당사자의 책임이 소멸되지 않는다는 것이다. 공직 사회에 이 판례는 이미 위법한 명령에 따르는 것 또한 위법하다는 하나의 행위 준칙을 선포한 것이나 다름없다.

위법한 명령에 저항할 때

공직이 통치government가 아닌 공적서비스public service라는 인식의 전환이 필요하다. 문화 행정가들은 현장 예술가들과 예술이라는 공통의 지향점을 향해 함께 가는 동료이다. 이들에게는 실질적 합리성, 실질적 정의에 대한 감수성 훈련이 필요하다. 전문화, 분업화, 효율화라는 베버 시대의 공직 윤리에 머무를 것이 아니라, 민주주의 시대에 걸맞은 대응성과 책임성을 수용하려는 노력을 해야 한다. 블랙리스트 사건과 관련해 가장 비극적인 것은 그것이 잘못인지조차 인식하지 못한 채 이루어졌을 가능성이다. 우리는 이스라엘 정보기관 모사드에 의해 예루살렘 법정에 세워진 나치 전범 아이히만에게서 자신에게 부여된 일을 너무도 성실하게 처리한 관료로서의 한 인간을 목격했다. 홀로코스트의 최종 해결책final solution을 실행하면서 아이히만은 어떠한 죄책감도 느끼지 못했다고 했다. 아이히만의 태도는 그 어떠한 제도보다 위법한 지시가 갖는 의미를 충분히 고민하고 성찰하는 능력을 갖추는 것이 중요함을 보여준다.

위법한 명령을 내리는 권위에 저항하는 사람들이 공직 사회와 세상을 바꾼다. 2012년 제18대 대통령 선거를 앞두고 국가정보원 댓글 사건이 터졌다. 국가정보원이 소속 요원들에게 인터넷에 특정 후보에 유리한 게시글을 쓰게 함으로써 대통령 선거에 개입했다는 논란이었다.

12월 11일 민주통합당은 국정원 여직원이 서울의 한 오피스텔에서 머물며 댓글을 달고 있다는 제보를 받고 이를 선거관리위원회와 경찰서에 신고했다. 수서경찰서와 민주통합당은 이 사건에 대한 조사를 시작하고 당사자인 여직원은 40여 시간 문을 잠근 채 경찰의 오피스텔 진입을 막았다. 국가기관인 국정원의 공무원이 부당한 직무를 행사하고 불법 선거운동을 한 사실이 밝혀지는 것은 시간문제였다.

그런데 놀라운 일이 벌어졌다. 당시 서울지방경찰청이 12월 16일 대선 3일 전에 중간 발표 형식으로 "국정원 여직원이 게시글이나 댓글을 단 아무런 혐의를 발견하지 못했다"고 발표한 것이다. 이 사건이 진행되는 과정에서 강렬한 인상을 남긴 세 명의 공무원이 있다. 상부의 부당한 요구에 복종하지 않고 저항한 세 사람의 공무원, 표창원 교수, 권은희 수사과장, 윤석렬 검사이다.

표창원 당시 경찰대 교수가 뉴스 채널에 나와 국정원 직원의 댓글 조작 사건에 분개하여 쏟아내던 발언을 잊을 수 없다. 그는 권위에 도전했고 정의를 부르짖었다. 그리고 경찰대 교수직까지 사퇴하면서 그 여정을 멈추지 않았다. 대통령 선거를 앞둔 12월 12일 서울경찰청장은 권은희 수서경찰서 수사과장에게 전화를 건다. 권은희 수사과장은 당시 이 전화가 압수수색을 하지 말라는 외압이었으며, 대선에 영향을 미치기 위한 부정한 목적이었다고 증언했고 2014년 1월 9일 경찰청 총경 승진 인사에서 누락되었다. 윤석렬 검사는 조직에 충성하지 인간에게 충성하지 않는다는 명언을 남겼다. 그리고 그는 좌천되었다. 그리고 특검보로, 중앙지검장으로 부활했다.

어쩌면 복종하기를 거부한 사람은 혹독한 대가를 치러야 할지도 모른다. 승진에서 물먹고, 한직으로 밀려날 수도 있다. 하지만 그 선택은 후일 정당한 평가를 받게 될 것이다. 권위에 저항하는 것이 그렇지 않을 때보다 더 현명하면서 가치 있고 가끔은 더 효율적일 수 있다.

누군가는
어니스트 야니히가
되어야 한다

블랙리스트와 공무원의 책임을 생각할 때 떠오르는 사건이 있다. '강기훈 유서 대필 조작 사건'이다. 감수성 풍부하던 대학 시절 일어났던 이 사건은 여전히 내게 현재진행형으로 생각의 꺼리를 던진다.

1991년 봄 노태우 정부 시절, 동맹휴학과 연이은 거리 싸움으로 대학 교정은 분주했고, 87년 6월 민주화항쟁을 다시 겪는 듯 위태로웠다. 신록은 푸르렀지만 명지대생 강경대, 성균관대생 김귀정 등 거리에서 쓰러져간 청춘의 죽음은 봄을 한없이 서럽게 했다. 한편에서는 죽음을 부추기는 어둠의 세력이 있다는 선동이 있었고, 세상은 그 꼬임에 속수무책이었다. 그리고 무엇보다 그해 봄은 친구의 유서를 대필했다는 누명을 쓰고 어둠의 세력으로 지목되어 법정에 서야 했던 한국의 드레퓌스, 강기훈의 억울함 때문에 더욱 처연했다.

강기훈은 24년이 지난 2015년에야 대법원 판결을 통해 그때의 억울함을 벗었다. 그는 '한 날 한 시도 용납할 수 없을 정도로 억울한' 3년의 옥살이를 했고, 24년 동안 '자살방조죄'라는 누명을 안고 세상의 편견과 싸우며 권력을 상대로 육신을 소진하는 힘든 싸움을 했다. 그런 그가 2014년 2월 고등법원 재심 무죄 판결 후 세상을 향해 담담하게 "이 재판은 저의 재판이 아니라 사법부와 검찰이 과거의 잘못을 바로잡을 수 있는 좋은 기회입니다"라고 말했다.

강기훈 사건은 우리 사회에 절대 권력과 이에 협력한 법률가의 양심과 책임의 문제를 던졌다. 이 화두는 그리 낯설지 않으며, 이를 가장 극적으로 보여주는 사례가 바로 뉘른베르크 전범 재판이다. 이 재판은 2차 세계대전이 끝나고 히틀러의 나치즘에 협력한 독일의 정치, 군사, 경제 지도부의 책임을 추궁한 재판이다. 많은 영화가 이 사건을 다루었지만, 1961년 흑백영화로 만들어진 〈뉘른베르크의 재판〉은 나치의 반인륜적 행위를 집행하는 데 가담한 법률가의 직업윤리와 개인적 양심에 대해 깊은 고민을 던진다는 점에서 그 울림이 크다.

자신의 잘못된 행위에 책임진다는 것

나치즘이 독일 전역에 맹위를 떨치던 시대, 뉘른베르크는 매년 나치 전당대회가 열린 화려한 명성을 자랑하던 도시였다. 그러한 뉘른베르크가 연합국의 폭격으로 폐허로 변해버린 모습을 롱테이크로 보여주며 영화 〈뉘른베르크의 재판〉은 시작된다. 영화 속 전범 재판장에는 나치 시절 법무부 장관, 검사, 판사 등으로 재직한 네 명의 피고가 등장한다. 이들은 나치의 인종 우생학 정책에 따라 노동자 청년에게 거세라는 수모를 겪게 하고, 유대인이라는 이유만으로 무고한 노인에게 사형을 선고하는 데 가담했던 인물들이다. 이들의 책임과 처벌을 주장하는 연합국 검사는 수많은 유대인들이 처참하게 학살당하는 수용소의 모습을 기록한 동영상을 법정에서 상영하면서 나치의 반인륜적 행위에 대한 공분을 불러일으킨다. 그리고 나치에 협력하기를 거부하고 스스로 공직에서 물러난 법률가, 지적 장애가 있다는 이유로 거세당해야 했던 노동자, 당시 열여섯 소녀로 60대 유대인 노인과 호혜적 관계에 있었다는 이유로 처벌되어야 했던 중년 여인을 검사 측 증인으로 증언대에 세운다.

이에 맞서 변호인은 자신의 조국 독일과 법률가 선배들의 마지막 품위라도 지켜줘야 한다는 절박한 심정으로 시종일관 "피고들은 직업윤리에 따라 법을 적용하고 집행했을 뿐이며 결코 나치의 수용소 집단학살에 가담하지도 않았고 그런 일이 있었다는 것을 알지조차 못했다"며, 이들에게 책임을 물을 수 없다고 주장한다. 책임을 주장하는 자와 책임 없음을 주장하는 자 사이의 팽팽한 논리전이 영화를 보는 이들을 숨죽이게 한다.

이 영화의 주제는 자신들이 한 행위를 수용하는 방식에 있어 차이를 보이는 피고인들의 태도에서 드러난다. 과거 자신이 옳은 일이라고 생각해 행한 것을 잘못되었다고 처벌하려는 전범 재판 자체에 동의할 수 없다고 주장하는 유형도 있고, 법 조항의 정의를 가리려 하지 말고 권위 있는 법질서를 따르기만 하라는 가르침에 따라 자신의 직분을 수행했을 뿐이라고 주장하는 유형도 있다. 사람들은 그 당당함에 분노하기도 하고, 그 영혼 없음에 절망하기도 한다.

그러나 이들과 다른 반응을 보인 인물이 있으니, 바로 버트 랭커스터가 열연한 어니스트 야니히다. 가상의 인물인 어니스트 야니히는 영화에서 당대 최고의 법학자이자 재판관으로 그려진다. 많은 이들이 그의 무죄를 청원할 정도로 그는 흠결 없는 인격의 재판관이었다. 그가 법정에 선 이유는 나치 정권 당시 주심을 맡았던 한 재판, 인종 간 신체 접촉을 금지하는 〈인종오염방지법〉에 따라 기소된 65세 유대인 노인 펠렌슈타인과 16세 독일인 소녀 호프만에 대한 재판 때문이었다. 유대인 노인과 소녀는 우정과 후원의 관계로서 결백을 주장했으나, 야니히는 노인에게 사형을 구형하고, 소녀에게는 위증의 죄를 물었다.

변호인은 야니히의 결백을 증명하기 위해 법정에 증언자로 선 당시 열여섯 소녀를 유대인 노인과 놀아난 방탕한 여자아이로 몰아붙인다. 그 순간, 야니히는 변호인의 변호를 중지하며 자신의 행위에 대한 긴 고백을 시작한다. 고백을 하는 순간 자신이 유죄가 됨을 뻔히 알면서도 그는 자신의 판결이 잘못되었음을 차분한 어조로 말한다. 독일을 구한다는 명분으로 등장한 히틀러의 국가사회주의가 거짓인 줄 알면서도 어느 순간부터 침묵하는 것이 습관이 되어버렸고, 유대인 노인 펠렌슈타인 재판은 그 재판이 시작되기 전 이미 결론이 내려져 있었으며, 그 어떤 반대 증거가 나와도 유대인 노인의 죄를 찾아낼 생각이었다고. 그리고 유대인 집단학살의 구체적인 실상은 몰랐지만 수용소의 존재는 알고 있었으며, 아마 몰랐다면 그것은 알고 싶지 않았던 것이라고 말한다. 참담한 고백을 통해 그는 영화 속 법정에서는 유죄가 되었지만, 우리의 기억에서는 자신의 행위에 책임을 지는 올바른 법조인으로 남았다.

강기훈 유서 대필 사건의 교훈

강기훈 사건이 재심 끝에 무죄로 판결나고 2017년 국가 배상 소송에서 손해배상 판결을 받았지만 이에 대해 책임져야 할 검사와 판사들은 침묵했다. 법조인에게는 진실의 관점에서 살펴보아야 할 것들을 충실히 광범위하게 살펴봐야 한다는 직업윤리가 요구된다. 그들은 사건의 동기와 정황을 살피고, 모든 진술과 증거 기록을 참고해 판단했어야 했다. 한 인간의 죄를 기소하고 판단하는 자리에 있는 사람이라면, 자신이 하는 행위가 바람직한 결과로 나타날지에 대해 늘 고심해야 하고, 자신에게 요구되는 도덕률이 진정으로 보편타당한 도덕률인지에 대해 회의해야 한다. 그런데 강기훈 사건을 담당한 법조인들의 사유는 빈곤했고, 태만했다. 당시 그들은 상부의 지시에 의해서건, 아니면 스스로의 판단에 의해서건

긴박한 정국을 돌파할 수 있는 희생양이 필요하다는 명시적이거나 잠재적인 인식에 기반해 수사와 재판을 감행했다.

1991년 봄은 3당 합당, 수서 비리 사건 등으로 정권에 대한 국민의 신뢰가 추락하던 때였다. 학생들의 시위가 잇따랐고, 87년 6월 시민항쟁처럼 번질 듯한 폭발적 저항의 징후가 짙었다. 그러한 가운데 서강대 박홍 총장은 "죽음을 선동한 어둠의 세력이 있다"고 했고, 김지하 시인은 "죽음의 굿판을 때려치우라"는 비분강개의 글을 〈조선일보〉에 기고했다. 누군가 선택된 먹잇감이 필요했고 생명까지 혁명의 도구로 삼는 운동권이 유서까지 대필하여 죽음을 사주했다는 유서 대필 사건이 벌어져야 했다. 윗사람의 지시를 살피는 데 한없이 영특한 검사와 판사들은 이런 상황을 단박에 알아차렸을 것이다. 바람직하지 못한 결과가 예측된다 할지라도 정권을 보호하기 위해 자신들이 가야 할 길이 무엇인지 인식하고 있었을 것이다. 어쩌면 영화 속 어니스트 야니히처럼 그들 또한 자신이 어떻게 수사해야 할지, 어떻게 판결해야 할지 선험적으로 미리 알고 이러한 방향에 맞추어 관련 증거들을 모자이크처럼 짜맞추었을 것이다.

그들에게는 자신들의 입신과 양명이 무엇보다 중요했다. "많은 공무원들이 공복이 아니며, 공명심과 입신을 위해 나를 희생양 삼아 수단과 방법을 가리지 않는 사람들"이라는 강기훈의 증언은 의미심장하다. 우리나라는 예로부터 공명심의 사고가 뿌리 깊다. 그릇된 공명심의 소유자들은 가끔 명예와 권력에 대한 자신의 욕망을 채우기 위해 부하 직원을 다그치고, 바람직하지 않은 수단과 방법을 동원한다. 더욱 비극적인 것은 이러한 행태가 '추진력'이라는 이름으로 권장된다는 점이다.

　　강기훈 유서 대필 사건은 강경대 사건으로 노태우 정권이 위기에 처하자 공안 정국 조성을 위해 일부 정치 검찰이 권력의 시녀를 자처해 벌인 사건이었다. 짜맞추기식 수사를 하고, 무고한 사람을 무리하게 기소했으며, 사법부는 허술하게 판단했다. 예술인 블랙리스트 사건은 박근혜 정부 시절 권력자들이 자신들의 세계를 공고화하기 위해 공적 시스템을 붕괴시키고, 헌법상의 예술의 자유를 형해形骸화시킨 국헌 문란 사건이다. 강기훈 유서 대필 조작 사건에서 검찰과 사법부라는 테크노크라트 집단이 정권의 요구에 맞춰 수사를 하고 재판을 한 것과 동일하게, 그 깊이는 다를지라도 문화체육관광부 공무원 집단과 한국문화예술위원회 등의 실무 집단, 심의에 참여한 예술위원들은 정권의 요구에 맞춰 리스트를 만들고 심의를 하고 배제를 실행했다. 과거의 잘못은 사과라는 형식으로 표현되어야 한다. 블랙리스트 사건 또한 정치적으로 임용된 장차관들뿐 아니라, 실질적으로 집행한 사람들의 반성과 사과가 지속적으로 이어져야 한다.

우리의 진심 어린 사과가 필요하다

　　그런데 사과는 힘들다. 사과는 왜 이리 힘든 것일까. 사과를 나약함을 상징하는 패자의 언어로 간주하기 때문일까, 사과에 뒤따를 책임을 두려워하기 때문일까. 그러나 사과는 존경과 신뢰를 받기 위해 갖춰야 할 가장 중요한 '리더의 언어'이다. 사과는 경제적으로나 윤리적으로 바람직한 결과를 낳으며, 효과적인 리더십을 가능하게 만드는 원천이다. 진심 어린 사과가 조직을 이끄는 리더의 가장 중요한 전략이 될 수 있음은 이미 폴란드 바르샤바 게토Warsaw Getto 봉기 기념비 앞에서 무릎을 꿇고 나치 독일의 잘못을 회개한 빌리 브란트Willy Brandt의 사죄에서 확인되었다. 이 진심 어린 사과로 세계인들은 독일을 신뢰하게 되었고, 이로부터 독일의 경제 부흥과 통일이 가능해졌음은 역사가 증명하고 있다.

또한 사과는 가해자와 피해자 모두의 영혼을 치유하는 언어이기도 한다. 피해자는 미움과 분노로부터 해방될 수 있으며, 가해자는 죄의식으로부터 놓여날 수 있기 때문이다. 사과는 우리를 고통스러운 과거 경험과 기억으로부터 해방시키고 상처를 치유해주는 영적인 행위이다. 따라서 사과는 아무나 할 수 있는 것이 아니라, 숭고한 결단을 내린 고결한 자만이 해낼 수 있는 행위다.

공무원 생활 15년, 내가 했던 정책 결정들이 모두 바람직하거나 정의로웠다고 장담할 수는 없다. 상사의 지시에 따라 나의 공명심에 의해 적법한 수준에서 절차를 따르며 수행했던 일도 있다. 후회와 반성으로 쥐구멍이 있다면 숨고 싶은 일들도 분명 있었다. 누군가 그 정책의 실패를 따져 묻는다면, 나를 방어하기 위해서 변명할 것인가, 아니면 진심으로 사과하고 책임질 것인가?

한나 아렌트는 《예루살렘의 아이히만》에서, 아주 근면한 인간 아이히만이 유죄인 이유는 그가 아무 생각이 없고 스스로 생각하기를 포기했기 때문이라며 이를 '생각의 무능'이라는 개념으로 제시했다. 타인의 처지를 생각할 줄 모르는 '생각의 무능'은 '말하기의 무능'을 낳고, '행동의 무능'이라는 치명적 결과를 낳는다는 것이다. 파시즘의 광기든 상부의 지시든, 우리에게 악을 행하게 하는 순간이 왔을 때 그것을 멈추게 할 유일한 방법은 생각하는 것뿐이다. 생각 없이 사는 공무원, 영혼 없이 사는 공무원, 그것은 악에의 동조이며 스스로 죄를 짓는 것과 같다. 그래서 나는 법정에서는 죄인이 되었지만, 스스로에게 진실되었던 법조인, 어니스트 야니히의 양심의 고뇌와 결단을 따르고 싶다.

사과는 역사에 대한 올바른 관점과 현재를 직시하는 용기, 역사적 삶에 대한 책임 의식이라는 위대한 힘을 필요로 한다. 블랙리스트 사건을 둘러싼 우리 사회의 정의는 아직 실현되지 않았다. 배제로 인해 한동안 예술적 죽음을 견뎌야 했던 예술인들의 트라우마가 치유되려면 누군가는 뉘른베르크의 어니스트 야니히가 되어 그들을 구원해야 한다. 처절하고 지옥 같았던 분노의 시간과 그 기억으로부터 예술인들이 자유로워질 수 있는 힘은 가해자의 사과에서 시작된다. 또한 고백과 사과, 그것은 가해자 스스로 자신의 존엄을 지키는 일이기도 하다.

정책적 관점에서 블랙리스트 사건을 정책 집행 과정의 단순한 잘못과 실수라고 생각하는 사람들도 있다. 그러나 이는 명백히 잘못된 생각이다. 블랙리스트 사건은 분명 '문화예술계의 국헌 문란 사건'이다. 우리는 앞으로 블랙리스트 사건이 단순한 정책 실패가 아닌 국헌 문란 사건인 이유를 국가와 문화, 문화와 민주주의, 예술과 표현의 자유에 대한 국내외 사례, 학계의 논의, 판례 등을 통해 설명할 것이다. 그리고 이로부터 우리의 문화 가치와 헌법 정신에 기초한 새로운 문화국가로 가는 길을 제안할 것이다. 블랙리스트에 대한 고백과 사과, 용서의 사회적 행위는 단순히 그 행위에만 머물러서는 안 된다. 블랙리스트에 대한 성찰이 새로운 희망을 만들어내는 적극적 행동으로 이어질 때, 우리의 존엄도 더욱 빛날 수 있다.

과거의 잘못은 사과라는 형식으로 표현되어야
한다. 블랙리스트 사건 또한 정치적으로 임용된
장차관들뿐 아니라, 실질적으로 집행한 사람들의
반성과 사과가 지속적으로 이어져야 한다.

2부

국가와

문화

그리고

민주주의

문화국가를 향한 오래된 꿈

문화국가는 나의 꿈이지만 대한민국의 오랜 꿈이기도 하다. 임시 정부의 주역 백범 김구 선생은 일찍이 '아름다운 국가'로 우리 문화 국가의 지향을 제시했다. 헌법의 기초자 유진오 선생 또한 헌법 전문에서 대한민국을 유구한 역사와 전통에 빛나는 나라로 규정함으로써 문화 국민으로서 우리의 정체성을 밝히셨다.

군부정권인 5공화국에서는 문화국가를 천명하는 헌법 9조가 만들어졌으며 김대중 대통령은 역사상 최초로 국가 예산의 1%를 문화에 투자하며 문화 대통령이라는 이미지를 만들었다. 노무현 대통령 시대에는 예술 정책의 백가쟁명이라 할 수 있는 정책백서가 나왔고, '팔 길이 원칙'을 실현하기 위한 한국문화예술위원회가 만들어졌다. 이명박 대통령은 2009년 10월 19일 국민을 향한 라디오 연설에서 "내가 꿈꾸는 선진 일류 국가는 경제적 수준에 걸맞은 문화 수준을 가진 문화국가를 만드는 것"이라 말했다. 박근혜 대통령 또한 최초로 '문화융성'을 국정 기조로 천명했다. 시대적 부침은 있었지만 1919년 임시정부 이래 대한민국은 문화국가를 꿈꾸었고, 지금까지 그 꿈은 지속되고 있다.

문화는 한 사회의 구성원들이 자연 상태에서 벗어나 일정한 목적 또는 생활 이상을 실현하고자 행동양식이나 생활양식을 습득, 공유, 전달하는 과정 및 그 과정에서 이루어낸 물질적, 정신적 소득을 통틀어 이르는 말이다. 인간의 행동이 규칙과 양식을 통해 하나의 패턴을 이룰 때 문화가 된다. 생활에 여유가 있고 풍요로운 사람만이 즐기는 것이 문화가 아니다. 또한 고도의 학문이나 예술의 성과만을 이야기하는 것도 아니다. 흔히 문화예술이라 하지만 감상의 대상이 되는 예술은 아름다움을 표현하려는 인간의 활동 및 그 작품을 이르며, 이를 구체적 장르로 특정한다면 문학, 미술(응용미술을 포함), 음악, 무용, 연극, 영화, 연예, 국악, 사진, 건축, 어문, 출판 및 만화가 이에 속할 것이다. 문화와 예술은 다르며, 문화가 예술을 포함하는 상위의 개념이라 할 수 있다. 그러니 문화의 대상을 반드시 예술과 관계 지어 제한적으로 이해할 것은 아니다.

왜 우리 헌법은 제9조에서 대한민국이 문화국가임을 천명했을까. 문화의 어떠한 힘이 헌법 질서 구현에 도움이 되는 것일까. 헌법의 궁극적 목적은 인간의 존엄과 가치 존중의 실현이다. 헌법이 그리는 인간상은 국가 생활공동체의 구성원으로서 기본적으로 자기 스스로 선택한 인생관, 가치관, 사회관, 세계관 등을 바탕으로 공동체 안에서 각자의 생활을 자신의 책임에 따라 스스로 결정하고 형성하는 민주시민으로서의 인격체이다. 공동체에 함몰된 전체주의적 인간도 아니며 공동체에서 이탈된 개인주의적 인간도 아니다. 우리는 문화라는 매개체를 통해 공동체와의 동질성을 유지하고 인격의 자아실현과 존엄을 보장받는다. 헌법이 문화에 주목하는 지점은 첫째, 문화가 국가 생활공동체에서 구성원의 동질성과 정체성을 확보하기 위한 매개 수단으로서 기여한다는 점과 둘째, 올바르고 건전한 문화가 인간의 존엄과 가치를 온전히 향유하는 데 역할을 한다는 점이다.

문화국가 개념의 탄생

문화와 국가는 언제부터 연결되기 시작했을까. '문화국가Kulturstaat'라는 개념을 처음 제시한 사람은 우리에게 《독일 국민에게 고함 Reden an die deutsche Nation》(1808)으로 잘 알려진 독일의 철학자 요한 고틀리프 피히테J. G. Fichte이다. 피히테는 이 책의 바탕이 된 강연을 1807년 12월부터 이듬해 3월까지 매주 일요일 14회에 걸쳐 나폴레옹과의 전쟁에 패한 프로이센 국민들을 대상으로 했다. 그는 강연에서 독일이 놓인 역사적 상황을 반성하는 것으로 시작해 독일인의 반성과 자부심 회복을 역설했다. 이 강연에는 당시 여러 왕후국으로 구성된 독일이 강력한 민족주의를 바탕으로 통일 국가로 나아가기를 바라는 피히테의 염원이 담겨 있었다.

피히테는 민족과 고유의 언어, 문화에 대한 사랑, 그리고 그
것의 무한한 발전과 개선에 대한 신념이 독일 통일의 기초가 될 것
이라고 주장했다. 그는 특히 국어의 중요성에 주목했는데, 국어가
인간에 의해 형성되기 이전 인간이 국어에 의해 형성된다고 생각
했기 때문이다. 일국의 언어는 그 민족의 특성을 형성하는 결정적
요인인바, 독일이 진정한 독일이 되기 위해서는 독일어의 사용이
가장 중요한 요건이었다. 이처럼 피히테의 문화국가라는 개념은
문화를 국가 형성과 국민 통합의 과제와 연결시키는 것에서부터
출발한다. 피히테의 연설 후 독일은 반세기 만에 유럽의 강자로 떠
올랐으며 19세기 말 비스마르크 시대 황금기를 구가하게 된다.

문화국가 개념을 헌법적 차원에서 연구한 이는 독일의 법학
자 에른스트 루돌프 후버E. R. Huber이다. 후버는 특히 문화국가 담
론 속에서 문화의 자율성을 어떻게 보장할 수 있는가를 고민했고,
그러한 차원에서 문화국가 개념을 분석했다. 그는 문화와 국가의
상호관계를 중심으로 문화국가의 개념적 요소를 '국가로부터 문
화의 자유', '문화에 대한 국가의 기여', '국가의 문화 형성력', '문화
의 국가 형성력', '문화적 산물로서의 국가'로 제시했다.

첫째, '국가로부터 문화의 자유'란 문화가 다른 무엇을 위해
수단화되지 않고 스스로의 자율성으로 국가에 의해 인정된다는
뜻이다. 문화국가는 반드시 이러한 문화 자율성을 승인하는 데서
출발해야 한다. 하지만 문화에 대한 국가의 선한 영향을 포기하고

문화를 사회 영역에 맡겨버리는 것은 모든 시대를 통틀어 가장 큰 문화적 위협이 된다.

둘째, '문화에 대한 국가의 기여'는 국가가 자율적 문화에 대해 능동적이고 책임 있는 봉사를 하는 것을 의미한다. 예를 들어 국가는 전통문화재 자원을 관리하고 문화재를 보존하고 전승하며 문화예술을 진흥해야 한다.

셋째, '국가의 문화 형성력'은 국가가 문화를 형성할 능력이 있어야 한다는 의미이다. 국가는 문화와 비문화를 구별할 줄 알아야 하고 문화의 내용을 생산, 관리, 진흥할 수 있는 권한을 가져야 한다. 하지만 그 권한을 남용해 문화를 전체적으로 계획하고 조직하여 규제하는 문화 독재국가가 되어서는 안 된다.

넷째, '문화의 국가 형성력'은 문화가 자신을 위하여 국가를 형성할 능력이 인정되어야 한다는 것을 의미한다.

다섯째, '문화적 산물로서의 국가'는 국가의 문화 형성력과 문화의 국가 형성력이 일치하여, 국가 스스로 문화적 산물로서 자신을 이해하고 실현하는 것을 의미한다. 결론적으로 후버의 문화국가는 문화의 자율성을 보장하면서 문화 영역에 있어서 건전한 문화 육성에 책임과 의무를 다하는 국가이다.

우리나라에서 문화국가는 헌법학자들에 따라 '문화의 자율성을 최대한 존중하면서 국가가 적극적인 문화 형성의 과제를 수행하고 실질적인 문화 평등을 위해 노력하는 국가'(계희열), '국가로부터의 문화 활동의 자유가 보장되고 국가에 의하여 문화가 공급되어야 하는 국가'(권영성), '문화의 자율성을 존중하면서 건전한 문화 육성이라는 과제의 수행을 통하여 실질적인 문화적 평등을 실현하려는 국가'(홍성방)로 파악되고 있다. 이러한 정의에서 공통되게 드러나는 것이 '문화의 자율성 보장'과 '국가에 의한 문화적 형성'이다.

그런데 우리는 프로이센의 문화국가 개념이 폐쇄적 민족주의와 연계되어 전개될 때 히틀러의 나치 독일에서와 같이 반자유적이고 반계몽적인 문화국가 이데올로기가 될 수도 있음을 보았다. 즉 문화국가도 민주주의, 법치주의의 기반 위에서 이루어질 때 진정 아름다운 모습으로 인간 삶에 기여할 수 있다.

문화가 지배 체계와 지배 권력에 종속되어 그 유지와 강화를 위한 수단으로만 기능해서는 안 된다는 점을 반드시 명심해야 한다. 또한 문화의 자율성과 독립성을 위해 문화를 자유시장에 맡겨야 한다는 논리에 설득되어서도 안 된다. 문화가 시장의 효율성 관점에서 논의되는 것도 적절히 안배해야 하지만 문화의 가치를 시장의 가치로만 이해하여 국가 재원을 배분한다면, 문화가 가져올 더 큰 가치를 잃을 수 있다.

우리 헌법의 문화국가 조항

1980년 8차 헌법 개정 시 신설된 헌법 제9조는 우리 헌법의 문화국가 조항으로 "국가는 전통문화의 계승·발전과 민족문화의 창달에 노력한다"라고 명시하고 있다. 이 조항은 국가 기관의 행위에 대한 지시와 지침을 나타내는 '국가목적규정Staatszielbestimmungen'으로 이해된다. 1946년 독일 바이에른 주 헌법 제3조는 "바이에른은 법치국가, 문화국가, 사회국가"라고 천명하고 있는데, 이 또한 국가목적규정이다. 국가목적규정은 오로지 입법자에게 위임에 적합한 실행을 하도록 의무를 지우는 '입법위임규정'과는 다르다.

문화국가에 관한 입법위임규정으로는 헌법 제22조 2항 "저작자·발명가·과학기술자와 예술가의 권리는 법률로써 보호한다"를 예로 들 수 있다. 이 조항은 입법자에게 국가와 정책의 행위에 대한 원칙과 지침, 국가 정책의 일정한 방향을 정하는 실질적 과제를 부여한다. 헌법 제9조는 입법위임규정처럼 강력한 법적 구속력을 가지는 것은 아니지만 입법, 행정, 사법 등 모든 국가권력들이 전통문화의 계승·발전과 민족문화 창달을 위해 노력하고 실질적 과제를 실행해야 한다는 점을 명시하고 있다.

다시 말해 헌법 제9조는 입법위임규정과 달리 헌법의 각 조항과 모든 법령의 해석 기준이 되고 입법과 정부 정책 입안의 방향을 제시하며, 국가 기관과 모든 공직자, 그리고 국민의 행동 지침이 된다. 국가목적규정으로서 문화국가 조항은 헌법을 개정할 때도 바꿀 수 없는 규범이다.

무엇이 전통문화이고 민족문화인가

그럼 본격적으로 헌법 제9조의 내용으로 들어가보자. 헌법 제9조에는 우리 전통문화와 민족문화를 보호하자는 내용이 들어 있다. 그런데 이는 국수적인 태도로 외래문화를 무조건 배격하자는 입장과는 다르다. 특히 지금 같은 문화다양성 시대에는 전통문화를 계승하면서도 필요한 외래문화를 가미하여 새로운 문화를 창조할 수 있는 기반을 만드는 것이 너무도 중요하다. 헌법 조항의 명시적 내용에 따라 문화를 전통문화와 민족문화에만 국한해서 이해하는 것은 문화국가 원리를 빈약하게 할 뿐 아니라 헌법의 전체 내용과도 맞지 않다.

또한 전통문화라고 하더라도 헌법의 기본 이념과 맞지 않는 사회적 폐습, 관습은 사회적 보호 대상이 될 수 없다. 1997년 헌법재판소가 호주제와 동성동본 금혼제에 대해 헌법 불합치 판결(1997. 7. 16. 95헌가6내지13)을 내리며 든 조항이 바로 이 헌법 제9조의 문화국가 조항이다. 헌법재판소는 호주제, 동성동본 금혼 등은 헌법이 보호하는 '전통문화'가 아니라고 판단했다. 그 근거로 호주제와 동성동본 금혼이 가족제도에 관한 헌법 이념인 개인의 존엄과 양성의 평등에 반한다는 점을 들었다. 역사적 전승으로서 오늘의 헌법 이념에 반하는 것은 헌법 전문에서 타파의 대상이 되는 '사회적 폐습'이 될지언정 헌법 제9조가 계승·발전시키라고 한 전통문화에는 해당하지 않는다.

헌법 제9조가 그리는 문화국가 상이 자국의 문화만을 고수하는 국수적 특성을 띠지 않음을 보여주는 역사적 사건이라면, 1998년 당시 뜨거운 논란을 불러일으켰던 일본 대중문화 개방을 들 수 있다. 김대중 정부는 반세기 넘게 닫혀 있던 일본 문화와의 본격 교류 시대를 열어젖혔다. 실제로 과거에는 일제강점기에 대한 거부감 때문에 국민들이 일본 문화에 반감을 가지고 있었다. 일본 문화의 유입을 제국주의의 새로운 침략 형태로 규정하고 한국의 얼이 일본 문화에 잠식당해 일본화될 수 있다고도 생각했다. 김대중 대통령은 반만년 역사 동안 지켜온 우리 민족문화가 하루아침에 사라지지 않는다며 국민들을 설득했다. 김대중 대통령은 한일 정상 기자회견에서의 밝힌 것처럼 "21세기는 문화산업의 시대이며 더 이상의 문화 쇄국 정책은 누구에도 도움이 되지 않는다"는 뚜렷한 인식을 갖고 있었다. 일본 대중문화 개방은 지도자의 인식과 설득, 끊임없는 사회적 논의를 통해 가능했던 일이다.

일본 대중문화 개방은 4차례에 걸쳐 이루어졌다. 1998년 10월 양국 합의하에 만화와 4대 국제영화제 수상 영화를 시작으로 1차 개방이 시작되었다. 1999년 제2차 개방에서는 공인된 국제영화제 수상작과 전체관람가 영화로 그 대상이 확대되었다. '오겡끼 데스까'로 우리의 감성을 적신 이와이 슌지 감독의 〈러브레터〉가 상영될 수 있었던 것도 이 2차 개방의 영향이다. 그 후 3차 개방이 2000년에, 제4차 개방이 2004년에 진행되었다. 일본 대중문화는 현재 영화, 음반, 게임, 애니메이션 등 거의 모든 분야에서 개방이 이루어졌다. 하지만 여전히 풀리지 않은 영역이 있다. 바로 방송이다. 방송은 위성, 케이블 텔레비전에만 부분 개방되었을 뿐, 지상파 방송에는 개방되지 않았다. 지상파는 사회적 영향력이 가장 크기 때문이다.

일본 대중문화 개방의 결과 우리 문화가 가진 힘이 염려했던 것 이상으로 강력하다는 것이 밝혀졌다. 소설가 무라카미 하루키 등의 작품이 대중적 파괴력을 보이긴 했지만, 마니아 중심의 일본 문화가 우리의 정서적 기반을 흔들지는 못했다. 오히려 일본 시장에 〈겨울연가〉 등 우리 드라마가 진출하여 한국 드라마와 스타에 열광하는 일본 팬층을 만드는 성과를 가져오기도 했다.

돌이켜 평가하면, 문화 교류를 통해 한국과 일본 양국의 대중 문화 시장은 더욱 풍부해졌다고 할 수 있다. 미야자키 하야오 감독의 〈하울의 움직이는 성〉을 보며 설렐 수 있고, 영화 〈노다메 칸타빌레〉를 통해 음악이 주는 기쁨을 느낄 수 있어서 우리의 삶은 얼마나 풍요로워졌는가. 우여곡절도 있었다. 역사교과서 문제, 위안부 문제 등으로 한국과 일본의 외교적 관계가 교착 국면에 들어서면 대중문화 개방도 주춤해졌다.

문화는 외교와는 다른 흐름으로 이루어져야 한다. 지금 우리의 문화적 자신감은 어떤 대중문화 개방에도 흔들리지 않을 만큼 강하다. 일본의 태도, 국민 정서 등을 고려해서 적절한 시점에 미래 지향적 관점에서 마지막 대중문화 개방의 빗장을 열어, 김대중 정부의 대중문화 개방 정책의 마침표를 찍어야 한다고 생각한다. 문화국가의 품격과 배짱은 그러한 것이다.

문화국가 조항은 또한 남북 분단 체제에서 남한과 북한이 한 민족으로서 문화 정체성을 유지해야 한다는 국가적 과제를 암시하고 있다. 정치적, 경제적, 사회적 통일공동체의 조성도 중요하지만, 문화적 동질성의 확보는 통일이 가져올 부정적 문제를 상당 부분 해소할 수 있다는 점에서 주목해야 한다. 정치적 이질성을 문화적 동질성으로 극복하여 통일을 실현할 계기를 앞당길 수 있다는 데 문화국가 원리의 중요성이 있다.

문화국가를 바라보는 또 다른 시선

그러나 문화국가에 반대하는 입장도 있다. 국가가 문화를 형성하려고 노력하면 할수록 소수 문화 관료의 문화 영역에 대한 영향력이 높아져 국가 문화화되고, 국가가 예술을 지원할수록 문화예술인은 무사안일에 빠져 상업적 성공을 경멸하고 창의력과 자생력을 잃어간다는 이유에서다. 이러한 주장을 대표하는 인물로 프랑스의 우파 자유주의자 마르크 퓌마롤리Marc Fumaroli가 있다. 그는 1992년 출간한 《문화국가L'État culturel》에서 프랑스 문화국가론의 현실과 보여주기식 전시 행정을 개탄했다. 프랑스 정부가 '문화권력'을 휘두를 수 있는 모든 정책 수단을 틀어쥐고 그것을 자기선전의 도구로 사용해왔으며, 무엇이 '문화적'이고 무엇이 '비문화적'인지를 결정할 권한을 부여받은 문화 관료들에게 문화가 차압되었다고 비판했다. 퓌마롤리는 '뒤틀린 문화국가'를 만든 문화 관료로 드골 정권의 문화부 장관 앙드레 말로André Malraux와 미테랑 정권의 문화부 장관 자크 랑Jack Lang을 꼽았다.

퓌마롤리의 시각처럼, 국가가 문화 육성에 나서면, 문화예술의 자율성과 자생성은 터전을 잃게 되는 것일까? 과연 프랑스의 자국 문화 보호 정책은 시대에 뒤떨어진 것일까? 그러나 미국처럼 문화 분야에 대한 민간 후원이 충분치 않은 프랑스의 상황에서 국가에 의한 문화예술 지원은 불가피한 선택이었을 수 있다. 우리는 어느 길로 가야 할까. 다시 에른스트 루돌프 후버로 돌아가야 한다. 문화국가의 요소들은 서로가 균형을 잃지 않아야 한다. 문화의 국가로부터의 자유도 지켜져야 하지만, 국가가 문화 육성의 책임과 의무를 다하는 노력 또한 중단되어서는 안 된다.

우리는 문화라는 매개체를 통해 공동체와의
동질성을 유지하고 인격의 자아실현과 존엄을
보장받는다. 헌법이 문화에 주목하는 지점은
첫째, 문화가 국가 생활공동체에서 구성원의
동질성과 정체성을 확보하기 위한 매개 수단으로서
기여한다는 점과 둘째, 올바르고 건전한 문화가
인간의 존엄과 가치를 온전히 향유하는 데 역할을
한다는 점이다.

문화에 대한
헌법의 상상력

헌법은 대통령을 포함한 모든 국가 기관의 존립 근거이고, 국민은 그러한 헌법을 만들어내는 힘의 원천이다. 루소의《사회계약설》을 들먹이지 않더라도 우리는 헌법적 가치의 수호가 한 국가 사회를 유지해가는 원동력임을 2017년 3월 10일 한국 현대사의 역사적 판결로 남을 대통령 탄핵 소추 선고를 통해 배웠다.

　　정당하지 못한 국가와 정당하지 못한 권력은 헌법적 가치를 훼손할 수 있다. 법학자 김두식은《헌법의 풍경》에서 헌법은 국가를 언제든지 괴물로 변할 수 있는 위험한 존재로 본다고 했다. 따라서 헌법과 법률의 목적은 국민을 통제하는 데 있는 것이 아니라, 권력의 괴물화로부터 시민을 보호하는 데 있다고 한다. 정당하지 못한 국가권력이 행사한 잘못된 관행을 극복해내는 것 또한, 헌법에서 시작되어야 한다. 헌법적 가치를 다시금 음미하고, 그 힘을 우리 국민의 삶과 문화예술 현장에 새롭게 세워야 한다.

우리나라 헌법은 1948년에 제정된 후 70년 동안 9차례의 개정을 거쳤다. 지금의 헌법은 1987년 개정된 것으로, 호헌 철폐에서 시작된 1987년 민주항쟁의 결과가 반영되어 있다. 헌법은 한 나라의 정치사회 질서의 운용 원리를 만들어내는 것이므로, 1987년 9차 개정 헌법 이후의 시대를 흔히 87년 체제라 부르기도 한다. 이 체제가 우리 사회의 변화상을 반영하지 못하고 있다는 관점에서 나오는 것이 지금의 개헌 논의이다.

평균 10년을 주기로 우리 헌법이 바뀐 것만 봐도 한국 현대사는 변화무쌍했다. 그 변화의 흐름 속에서도 변하지 않는 것이 있다면 그것은 헌법의 기본 원리일 것이다. 우리 헌법은 대한민국의 주권은 국민에게 있다는 '국민주권주의', 모든 통치 행위는 법률에 기반을 두어야 한다는 '법치주의', 국가가 국민의 복지를 증진시키고 인간다운 생활을 보장해야 한다는 '복지국가 원리', 국제 평화를 지향하고 국제 질서를 존중한다는 '평화주의'를 기본 원리로 삼는다. 그 외 헌법의 기본 원리로 중요하게 이야기되는 것이 '문화국가 원리'이다. 우리 헌법은 문화국가 원리를 구현하는 여러 조항들을 갖고 있다. 이제부터 그 조항들을 살펴보고자 한다.

문화국가, 헌법의 기본 원리

우리 헌법은 전문에서 "유구한 역사와 전통에 빛나는 대한국민"은 "문화의 모든 영역에 있어서 각인의 기회를 균등히 하고"라고 선언하고 있다. 우선 헌법은 대한국민의 대표적 특성을 역사와 전통에서 찾는다. 이는 문화 국민으로서 우리의 국민적 지위를 확인해주는 독특한 구절로서 국가적 자부심의 표현이다. 정치, 경제, 사회뿐 아니라 문화 영역에서도 각인의 기회를 균등히 한다는 내용도 있다. 자본주의 사회에서 문화를 시장의 영역에 맡겨두었을 때 불평등과 차별이 생길 수 있으므로 모든 국민들이 문화를 평등하게 향유할 수 있도록 국가는 적극 노력해야 한다는 의지의 표현이다.

헌법 제9조는 "국가는 전통문화의 계승·발전과 민족문화의 창달에 노력하여야 한다"고 명시한다. 우리 헌법의 가장 대표적인 '문화국가' 조항이다. 전통문화에는 한복과 한식이 있고, 민족문화에는 두레, 향약, 단군사상, 세시풍속, 조상숭배 등 다양한 것들이 있다. 헌법 조문에 문화국가를 명시한 것은, 문화가 국가의 정체성을 형성하고 국민을 하나로 통합하는 힘이 있기 때문이다.

그런데 다시 한번 강조하지만, 이 문화국가 조항이 국가의 절대적 개입을 옹호하는 조항은 아니다. 문화는 그 누구의 간섭 없이 자유롭게 형성되어야 한다. 문화가 국가의 목적을 위해 봉사할 때, 레니 리펜슈탈Leni Riefenstahl의 영화 〈의지의 승리〉(1934)처럼 독재권력을 찬양하기 위해 문화예술이 동원되는 비극적 사태가 벌어진다. 따라서 국가는 문화 주체가 활동할 수 있는 영역을 확대하여 건전한 문화 풍토를 조성해야 하지만, 간섭이 아닌 지원으로 이를 수행해야 한다.

영국은 양차 세계대전 이후 피폐해진 국민의 삶을 향상시키고 국가의 위상을 높이고자 영국예술위원회ACGB, Arts Council of Great Britain를 조직했다. 이 위원회의 설립 목적은 귀족이 전유하던 고급예술을 국민 누구나 누릴 수 있게 하는 데 있었다. 예술위원회의 초대 위원장은 영국의 경제학자 존 메이너드 케인즈John Maynard Keynes가 맡았다. 케인즈는 위원장으로 있으면서 '팔 길이 원칙arm's length principle'이란 개념을 제시했는데, 이는 말 그대로 국가나 행정기관이 예술 창작과 관련해 예술가(단체)를 지원할 때 팔 길이만큼의 거리를 둔다는 의미를 담고 있다. 즉, 지원은 하되 간섭하지 않는다는 뜻이다. 우리나라에서는 김대중 대통령이 팔 길이 원칙을 처음 주창했고, 2004년 예술 진흥의 재원인 문예진흥기금을 관리하던 한국문화예술진흥원이 이 원칙에 근거하여 한국문화예술위원회로 전환했다.

헌법 제21조 1항은 "모든 국민은 언론·출판의 자유와 집회·결사의 자유를 가진다" 하고, 제2항은 "언론·출판에 대한 허가나 검열과 집회·결사에 대한 허가는 인정되지 아니한다"고 한다. 이를 우리는 정신적 인권이라 한다. 1996년 6년 동안 결론이 나지 않았던 〈오! 꿈의 나라〉에 대한 판결이 이루어졌다. 〈오! 꿈의 나라〉는 광주민주화운동을 다룬 장편 독립영화로 영화집단 장산곶매가

1989년 발표한 작품이다. 당시 이 영화를 합법적으로 상영한다는 것은 불가능했다. 그런데 영화 제작자와 극장 대표가 제작 신고와 검열 없이 예술극장 한마당 소극장에서 이 영화를 상영해버렸다. 문화공보부는 즉시 이들을 〈공연법〉 위반으로 고발했고 제작자는 헌법소원으로 맞대응했다. 결국 6년 만에 헌재는 '언론 출판의 자유에 대해서는 검열을 수단으로 한 제한은 허용되지 않는다'며 제작자의 손을 들어줬다. 일제강점기인 1940년 〈조선영화령〉이 만들어지면서 도입되어 한국 영화 발전에 질곡이 되었던 검열이라는 족쇄가 56년 만에 역사의 뒤안길로 사라진 획기적 사건이었다.

헌법 제21조 4항은 "언론·출판은 타인의 명예나 권리 또는 공중도덕이나 사회윤리를 침해하여서는 아니된다"고 한다. 이 조항에서 어려운 점은 무엇이 음란물인가에 대한 사회적 평가이다. 음란에 대한 사람들의 생각은 주관적이어서 사람에 따라 그 느낌의 정도가 다를 수 있기 때문에 법적으로 통일된 결론을 내기 어렵다. 1992년 마광수 교수가 《즐거운 사라》로 긴급구속을 당하는 사건이 벌어졌다. 마광수 교수는 1995년 대법원에서 최종 유죄판결을 받았다. 소설가 장정일 또한 《내게 거짓말을 해봐》라는 소설로 1996년 기소되었고 2000년 최종 유죄판결을 받았다. 1998년에는 만화가 이현세의 《천국의 신화》가 음란물 시비에 휘말렸지만 2003년 대법원에서 무죄판결을 받았다.

음란물 문제는 비단 우리나라만의 문제도 아니고 성적 표현의 수준이 높아진 우리 시대의 문제만도 아니다. 지금은 고전으로 인정받고 있는 D. H. 로런스D. H. Lawrence의 《채털리 부인의 사랑》(1928)이나 헨리 밀러Henry Miller의 《북회귀선》(1934)도 당대에는 음란물이라는 딱지가 붙어 판매가 금지되었다. 조선시대의 《춘향전》도 당시 기준에서는 음란물이었을 것이다.

헌법 제22조 1항은 "모든 국민은 학문과 예술의 자유를 가진다"고 한다. 예술의 자유를 누리는 주체는 국민이다. 모든 국민이 예술 생활을 통해 인간의 존엄과 가치를 누릴 수 있다. 문화는 일정한 공간 무수한 시간이 지나는 동안 그곳에 존재하는 사람들 간에 공통적으로 느낄 수 있는 삶의 행태 또는 삶의 형식이다. 예술은 이러한 문화를 풍요롭게 하기 위해 필요하다. 22조 2항에서는 저작자와 예술가의 권리는 법률에 의해 보호받는다고 한다. 〈저작권법〉, 〈예술인 복지법〉이 이 조항에서 말한 법률에 해당한다.

헌법 제31조 1항은 "모든 국민은 능력에 따라 균등하게 교육을 받을 권리를 가진다"고 하고, 5항은 "국가는 평생교육을 진흥하여야 한다"고 한다. 교육권은 자유권과 사회권적 성격을 갖는다. 이 조항은 정규 교육 과정은 일정한 시기에 이루어지지만 개인이 원할 경우 국가는 개인에게 다양한 교육을 받을 기회를 지속적으로 제공해야 함을 명시한다. 문화예술 교육의 근거가 되는 조항이다.

헌법 제34조 1항은 "모든 국민은 인간다운 생활을 할 권리를 가진다"고 하고 제34조 2항은 "국가는 사회보장·사회복지의 증진에 노력할 의무를 진다"고 한다. 인간다운 생활은 '물질적 최저 생활'이 아니라 '문화적 최저 생활'이다. 〈경제, 사회, 문화적 권리에 관한 국제규약(A규약)〉제11조는 "모든 사람이 적당한 식량, 의복 및 주택을 포함하여 자기 자신과 가정을 위한 적당한 생활수준을 누릴 권리와 생활 조건을 지속적으로 개선할 권리를 갖는다"고 명시하고 있다.

표현의 자유를 제한하려면

문화적 기본권과 예술의 자유가 무제한으로 누릴 수 있는 권리는 아니다. 헌법 제37조 2항은 국민의 권리도 국가안전보장, 질서유지, 공공복리를 위해 필요한 경우에 한하여 법률로써 제한할 수 있다고 한다. 하지만 기본권 제한의 요건을 법률에 명시해야 하고, 제한할 경우도 국회가 제정한 법률에 의해서만 가능하다. 즉, 이러한 제한도 자유와 권리의 본질적 내용을 침해할 수 없다고 한계를 설정한 것이다. 이것이 기본권 제한에 관한 헌법 제37조 2항의 논리이다.

예술의 자유와 블랙리스트 사건을 떠올릴 때, 제37조 2항의 내용에 대한 깊은 고민이 필요하다. 일각에서는 국가를 수호하고 국민의 안전을 지켜야 하는 자유민주주의 국가에서 위험 요소나 인물을 감시하고 관리하여 국가 정체성을 어지럽히지 않도록 하는 일은 국가의 의무이자 책임이라고 주장한다. 반정부 문화계 인사로부터 국가 안전을 확립하는 방안을 강구하라고 지시하는 것은 주권 국가의 당연한 책무이기에 블랙리스트 자체는 정의롭다는 것이다. 이러한 주장에 대해서는 다음의 판결을 참고해볼 만하다.

1919년 미국의 사회주의자 찰스 셴크Charles Schenck는 1차 세계대전에 미국이 참전하는 것을 반대하고 징집을 거부하자는 내용을 담은 문건을 징집 적령기의 남자들에게 우편으로 보낸 것이 문제가 돼 〈이적행위법Espionage Act〉 위반으로 기소되었다. 이 재판에서 대법원은 만장일치로 그에 대한 기소가 합헌이라는 판결을 내렸다. 그의 행동이 평상시에는 표현의 자유에 의거한 행위로 볼 수 있어도 전시에는 표현의 자유 조항으로 보호받을 수 없다는 이유에서였다. 다만 올리버 홈스Oliver Holmes 대법관이 판결문에 "표현의 자유를 제한하려면 '명백하고 현존하는 위험a clear and present danger'이 있어야 한다"는 것을 적시함으로써 이후 유사한 사건들에 기준이 될 수 있게 했다.

기본권을 제한할 때 질서유지, 공공복리, 국가안전보장이라는 명분에는 명백한 기준이 있어야 하는데, 특히 표현의 자유와 같은 정신적 인권은 다른 기본권과는 다른 이중 기준이 있어야 한다. 정신적 인권은 '명백하고 현존하는 위험'이 있느냐를 기준으로 기본권 제한 여부를 판단해야 한다는 것이다. '명백'하다는 것은 표현과 해악의 발생 사이에 긴밀한 인과관계가 존재한다는 뜻이고, '현존'이란 해악의 발생이 시간적으로 근접해 있는 경우를 말한다. 따라서 블랙리스트가 정당화되려면, 과연 어떠한 심사 기준에 의해 그것이 질서유지, 공공복리, 국가안전보장에 위협이 되었는지를 명백히 밝혀야 한다.

케인즈의 고언, 지원은 하되 간섭은 않는다

'국가가 예술을 지원할 것인가'는 문화체육관광부와 같은 정부 조직의 존립 근거를 찾고, '국민의 세금을 쓰는 분야'를 획정하는 데 매우 중요한 질문이다. 문화예술에 대한 지원이 필요하다는 경제학적 논리는 미국의 경제학자 윌리엄 보몰William Baumol과 윌리엄 보웬William Bowen이 밝힌 '비용질병설'에 근거를 두고 있다.

보몰과 보웬은 1966년《공연예술의 경제학적 딜레마Performing Arts : The Economic Dilemma》라는 책을 출판한다. 이 책에서 보몰과 보웬은 1771~1772년 영국 런던의 극장 공연 비용과 1963~1964년 극장 공연 비용을 조사해 그 사이 공연 비용이 14배 가까이 늘었다는 것을 밝힌다. 이는 같은 기간 영국의 일반 물가 상승률인 6.2배의 2배보다 높은 수치였다. 실증적 분석 방법을 통해 미국의 공연예술계가 봉착한 재정 위기를 밝힌 보몰과 보웬은 예술은 시장의 실패

Market Failure가 발생하는 영역이라는 점을 증명해냈다.

예술의 시장 실패, 어떻게 극복할 것인가

보몰과 보웬은 예술 시장의 실패를 생산성 격차productivity gap에서 찾았다. 자동차를 만드는 제조업은 기술 개발 등으로 생산성이 계속 증대하여, 자동차 한 대 만드는 데 필요한 노동자 수가 줄었지만, 베토벤 현악 4중주를 연주하는 데 필요한 연주자 수는 그 곡이 초연된 1800년대나 200년이 지난 2000년에나 동일하다는 것이다. 자동차 생산과 같은 부문에서는 노동 단위당 비용이 줄어들지만, 공연예술과 같은 비생산적 부문에서는 노동 단위당 비용이 증대한다.

　예를 들어보자. 아무리 4차 산업혁명으로 로봇이 각광받는다고 해도 피아니스트 조성진의 피아노 연주를 조성진만큼 숙련된 로봇으로 대체할 수 없으며, 뮤지컬 〈영웅〉의 주인공 안중근을 배우 정성화가 아닌 기계로 대체할 수 없다. 이처럼 공연예술 분야는 비용질병cost disease으로 고통받기 때문에 수입과 비용 사이에 큰 격차가 생겨 공연 기업이 생존하기 위해서는 개인의 후원이나 정부의 지원에 의존할 수밖에 없다는 결론에 다다른다. 문화예술 분야는 민간이나 정부의 후원이 없으면, 사회적으로 필요한 양의 재화 또는 서비스가 수요자에게 충분히 공급되지 못한다는 것이다. 따라서 문화예술 분야의 시장 실패를 보정하기 위해서는 정부가 개입하여 사회적 필요량을 적절하게 공급해야 한다는 논리가 도출된다.

영국을 보자. 현대적 의미에서 국가가 예술을 지원하게 된 것은 경제학자 존 케인즈의 공이 크다. "그는 장기적으로 볼 때 우리는 모두 죽고 없다"라는 유명한 말을 남기며, 경제 불황을 타개하기 위한 정부 지출 및 확대 재정의 중요성을 설파한 거시경제학자다. 그는 또한 1930년대 버지니아 울프Virginia Woolf 부부, 모건 포스터Edward Morgan Forster 등과 교류하며 블룸즈버리 그룹Bloomsbury Group의 일원으로 활동하는 등 스스로가 연극과 미술을 사랑하는 예술 애호가였다. 케인즈는 직접 세잔과 피카소의 작품을 구입하는가 하면 미술가들의 작품 활동과 연극 극장 건립을 지원하기도 했다.

케인즈는 1942년 음악과 예술을 지원하는 예술위원회CEMA, Council for the Encouragement of Music & the Arts의 제2대 의장이 되었다. 케인즈는 평상시 현대에는 왕정 시대의 왕이나 귀족들의 후원을 대신하는 새로운 형식의 예술 지원이 요청된다는 생각을 갖고 있었다. 한때 영국은 국가가 예술을 지원하고 통제하는 독일과 러시아식의 지원 방식에 대해 비판적인 태도를 취했다. 그러나 국민적 자부심을 고취하고 대외적으로 국가적 상징이 되는 예술의 필요성에 대한 인식이 싹트면서 민간으로부터 작품을 기증받아 설립한 대영박물관, 내셔널 갤러리, 테이트모던 갤러리를 국가적 지원을 통해 유지해나가기 시작했다.

케인즈는 정부의 안정적인 예술 지원을 위해 CEMA를 영국예술위원회로 만들 것을 국왕에게 요청했고, 1946년 국왕이 이를 승인했다. 영국예술위원회의 첫 번째 수장으로 임명된 케인즈는 예술 지원의 철칙이라 일컬어지는 '팔 길이 원칙'을 제시한다. 국가와 국민의 문화적 삶의 향유를 위해 예술 분야를 지원해야 한다는 것은 '자유방임의 종말'을 통한 수정자본주의로 불리는 그의 경제학적 신념에서 비롯된 것이었고, 제2차 세계대전 후 영국에서 진행된 복지국가적 실천을 반영한 것이었다.

예술 지원 반대의 이유

반면 예술에 대한 국가 지원을 반대하는 흐름도 있었다. 가장 원론적인 지원 반대론은 문화예술에 대한 지원이 헌법에서 보장하는 예술의 자유 규정과 전면 배치된다는 데 근거한다. 우리 헌법은 제9조에 문화국가 조항을 두고 있고, 제22조에서 모든 국민에게 예술의 자유를 부여하고 있다.

우리 헌법학계 일각에서는 예술에 대한 국가의 지원과 형성 기능을 인정하는 문화국가 조항을 독일 특유의 국가주의적 사고에 기인한다고 보는 시각이 있다. 국가가 예술상을 직접 수여하거나 자금을 지원하는 것은 예술가와 그 예술 활동에 대한 직접 지원이 되어 자칫 국가의 중립성에 대한 근간을 흔들 수 있다는 것이다.

문화는 정신과 영혼의 산물로서 우리 일상을 지배한다. 그런데 국가는 지원 대상인 예술의 내용이나 방향에 개입하려는 유혹을 받기 쉽다. 이러한 유혹을 차단하기 위해 예술에 대한 국가의 지원이라는 근원을 자를 필요가 있다는 주장이다.

예술가에 대한 경제적 지원으로 인한 예술적 수월성excellence 향상 효과도 그리 높지 않다는 주장이 있다. 우리나라 예술 현장에서도 지원금을 통해 치러진 공연, 전시의 수준이 낮아서 '지원금 예술'이라는 용어가 등장하기도 했다. 예술가들에게 지원금은 마약과 같아서 예술가 정신을 마비시키고 작품의 질을 떨어뜨린다고 한다. 이러한 주장은 미국에서도 있었다. 대공황 시기 미국 정부는 1935년에서 1943년까지 2500만 달러 규모의 예술가 지원 사업으로 대대적인 연방예술계획Federal Art Project을 실시한다. 그런데 예술가들에게 임금과 음식을 제공해 멋진 예술작품을 창작하도록 독려했으나 그 결과로 나온 작품들이 질적으로 우수하지 못했다는 것이다.

복지국가 위기가 발생하면 예술 지원 반대론이 고개를 든다. 1980년대 유럽에서는 복지국가 위기가 불어닥치자 문화예술에 대한 국가 지원부터 삭감하는 사례가 종종 목도되었다. 특히 작은 정부를 주장하는 보수 정부가 집권하게 되면 그 삭감의 파고는 더더욱 커졌다. 영국의 대처 정부가 그러했고 지금 미국의 트럼프 정부가 그러하다.

1979년 영국 총선에서 보수당이 승리하면서 마거릿 대처Margaet Thatcher가 수상이 되었다. 강력한 재정 삭감을 시도한 대처는

1979~1980년 예술 분야 총예산의 8%에 해당하는 500만 파운드를 삭감했다. 삭감된 부분은 민간 후원으로 충당토록 했고, 정부 부문에 기업 경영 원리를 도입하여 문화예술 분야도 기업가 정신으로 운영하도록 했다. 이에 박물관과 미술관은 앞다퉈 입장료를 올려 자체 수입을 올리는 등 재원 마련을 위한 다양한 시도를 할 수밖에 없었다. 국립기관의 최고 책임자는 돈을 많이 벌어오는 경영자가 되어야만 했다.

미국에는 문화예술 정책을 담당하는 정부 부처가 존재하지 않는다. 1965년 연방정부 산하에 예술가 지원 기구인 국립예술기금NEA, National Endowment of Arts을 설립했을 뿐이다. 미국의 예술 지원 체계는 전통적으로 자율성 확보가 가능한 민간의 기부와 후원으로 이루어져왔다. 국립예술기금 예산은 1965년 250만 달러로 시작해 1982년 2억 2천만 달러로 정점을 찍은 후 감소 추세를 보였다. 2017년에는 트럼프 행정부가 국립예술기금 예산을 전액 삭감한 2018년 예산안을 의회에 제출하면서 국립예술기금 최대의 위기를 맞기도 했다. 우리나라에서도 자유주의를 표방하는 경제학자나 보수 정부의 지원금 효과에 대한 강력한 이의 제기가 있었으며, 지원 방식의 변화를 통해 예술 분야에서 눈에 보이는 성과를 내고자 노력해왔다.

문화예술에 대한 지원금이 예술은 발전시키지 못하고, 예술가를 나약하게 만든다는 주장에 솔깃할 수도 있다. 진보 진영에서는 예술에 대한 정부의 지원이 다수 대중의 이익에 충실하지 못하고 소수 예술가나 엘리트 계층의 이익에 복무한다고 비판한다. 지원금 분배의 불균형성에 대한 비판도 있다. 이미 기반이 잡힌 예술은 계속 지원을 받지만 실험적인 예술은 공공 지원 혜택을 보지 못한다는 것이다. 하지만 지원금은 열악한 환경에서 예술가들이 예술 활동을 유지할 수 있는 '마중물'로 기능해왔으며, '눈먼 돈'이 되지 않기 위해 지원의 기준을 합리적이고 공정하게 관리하면 된다고 생각한다.

문화예술 지원을 위한 재원 마련의 문제

우리나라는 1972년 문화예술 지원을 위해 문화예술진흥기금을 설치했다. 문화예술 지원의 중요한 재원이던 문예진흥기금 설치는 문화예술 부문에 대한 공공 지원을 알리는 서막이었다. 설치 초기의 재원은 〈문화예술진흥법〉 제19조에 따라 공연장, 영화관 입장료 수입의 일부를 적립하는 방식으로 마련되었다. 그러나 이 법률 조항에 대해 "공연 관람을 기회로 납부의 책임을 일부 대상에게 부과하는 것은 재산권 침해"라는 헌법재판소의 위헌 결정이 내려졌고 2004년에 관련 법 조항이 폐지되었다.

이 판결을 이해할 때 유의할 점은, 문예진흥기금 모금, 즉 국가가 예술을 지원하는 것이 헌법 위반이라는 의미는 아니라는 점이다. 이 판결은 국가가 예술을 지원하기 위해 국민들에게 의무를 부과할 때는 원칙을 지켜야 한다는 점을 천명했다는 데 그 의미를 찾을 수 있다. 당시 〈문화예술진흥법〉에서는 문예진흥기금 모금액의 상한이나 모금액 산정의 대강의 기준이 명시되지 않은 채 시행령에 위임을 하고 있었다.

헌법 제75조는 "대통령은 법률에서 구체적으로 범위를 정하여 위임받은 사항과 법률을 집행하기 위하여 필요한 사항에 관하여 대통령령을 발할 수 있다"고 규정하여 위임입법의 한계를 제시하고 있다. 헌법재판소는 국민들에게 금전적 부담을 지우는 모금은 그 모금 방법 또한 구체적이고 명확한 입법적 규율이 필요한데 당시 〈문화예술진흥법〉 조항이 구체적으로 범위를 정하지 않은 채 입법 사항을 포괄적으로 대통령령에 위임한 것이라서 헌법 제75조에 규정된 포괄위임입법금지 원칙에 위배된다고 판결했다.(2003.12.18. 2002헌가2 전원재판부)

이는 이후 영화관 입장료 일부를 영화진흥기금으로 부과하는 제도에 대해서는 헌법상 원칙을 준수했기 때문에 지속적으로 합헌 판결을 내리고 있다(2008.11.27. 2007헌마860)는 점만 봐도 알 수 있다. 기금을 부담하는 집단과 기금 혜택을 받는 집단이 같아야 하는 동일성 원칙에 위배되지 않고, 〈영화 및 비디오물의 진흥에 관한 법률(영비법)〉에서 기금 설치 및 기금의 상한 등을 정하고 있기 때문이다. 〈영비법〉 제25조의2는 영화진흥위원회가 한국영화의 발전 및 영화·비디오물 산업의 진흥을 위하여 영화 상영관에 입장하는 관람객에 대하여 입장권 가액의 100분의 5 이하의 범위에서 부과금을 징수할 수 있도록 하고 있다.

문예진흥기금 모금은 헌법재판소가 문예진흥기금 모금에 대한 위헌 판결을 내린 이후 2004년 사실상 폐지되었다. 한때 5000억 원에 육박했던 기금은 현재 100억대 이하로 떨어져 국고로부터 매년 사업비 대다수를 충당받고 있다. 문화예술 지원 체계 및 재정 구조의 현실화가 시급한 문제로 대두되어 향후 기금의 안정적인 재원 확충을 위한 다각적인 방안 마련이 필요한 상황이다. 문체부, 국회 등에서 이를 방기하는 것은 심대한 직무유기이다.

문화예술 지원과 예술의 자율성 보장

문예진흥기금이 고갈 상태에 처했다는 것은 예술가들에 대한 지원의 불확실성이 높아졌다는 것만을 의미하지 않는다. 위대한 문화예술 자산에 접근할 국민들의 기회 또한 상실될 위기에 처했다. 문예진흥기금 고갈의 위기는 '예술가들의 위기'가 아니라 '우리 세대와 후세대의 위기'로 바라볼 수 있어야 한다. 대공황 시기 미국 정부가 예술 후원자 역할을 했던 연방예술계획의 성과가 보잘 것 없다고 하지만, 이 프로젝트에 고용되어 잭슨 폴록Jackson Pollock, 마크 로스코Mark Rothko와 같은 미국 현대미술의 거장들이 붓을 놓지 않을 수 있었다. 엘리트 계급만이 누릴 수 있었던 고급예술이 이 프로젝트를 통해 대중화의 물꼬를 틀 수 있었고, 현대미술의 주도권이 유럽에서 미국으로 넘어올 수 있었다.

문화예술 지원과 예술의 자율성 보장 문제는 결국 헌법 제9조와 제22조를 어떻게 조화롭게 해석할 것인가의 문제로 귀결된다. '지원은 하되 예술적 내용에 대한 간섭은 있을 수 없다'는 팔 길이 원칙으로 돌아와보자. 케인즈는 1945년 BBC 방송에 출연해 '예술위원회 : 정책과 희망'이라는 연설을 한다. 케인즈는 반독립적 기구로서 예술위원회의 위상과 '재무부로부터 지원을 받지만 독립적으로 구성되고 관료주의로부터 자유롭다'는 팔 길이 원칙의 이상을 밝힌다. 팔 길이 원칙은 예술 지원의 원칙이기도 하지만, 예술 지원 기관의 독립적 운영을 보장해야 한다는 원칙이기도 하다. 케인즈가 방송을 통해 공개적으로 팔 길이 원칙을 옹호한 것은 예술의 자유를 보장하고 국가에 의해 예술이 공인되는 상황을 방지하기 위해서였을 것이다. 이러한 케인즈의 노력으로 영국의 예술위원회는 부침은 있었지만 정치적 간섭으로부터 예술을 지켜내는 전통의 계승자가 되었다. 스스로 예술을 사랑했던 케인즈는 창작자들은 창작에 전념하고, 국민은 수준 높은 예술을 향유할 수 있도록 하여, 궁극적으로 위대한 영국 국민들에게 위대한 예술을 선물했다.

그렇기에 국가나 정부의 관료들은 예술가에 대한 지원금이 자신들의 주머니에서 나가는 것도 아니면서 선심 쓰듯이 주는 듯한 태도를 버려야 한다. 예술가들은 예술가로서의 지위에 기반하여 지원받을 명분이 있기에 받는 것이다. 지원금은 '시혜'가 아니라 '권리'이다. 또한 예술가들은 공적인 지원에 대한 공적인 관리의 원칙으로부터 예술의 자유를 핑계 삼아 자신들의 도덕적 해이를 탕감받을 생각을 해서는 안 된다. 지원은 받되 어떠한 책임도 지지 않겠다는 태도는 사라져야 한다. 공적 지원을 받는 자들은 지원 신청부터 지원금의 집행과 정산까지, 일반 시민들처럼 투명하게 관리해야 한다. 예술가들은 일반 시민과 계급이 다른 '선택 받은 선민'이 아니다. 예술가들은 공적 자금을 사용하는 데 따르는 공공 책임성을 반드시 져야 한다.

문화적 권리와
보편적 인권

1980년 5월 대한민국 광주에 계엄군이 출동했다. 시민들의 민주화 요구는 진압되었고, 폭도라 불린 시민들의 죽음과 함께 1980년의 봄도 끝이 났다. 그 이듬해인 1981년 5월 여의도광장에서는 문화축제 '국풍81'이 한창이었다. 광장 위로 풍악이 울렸고 마당놀이, 팔도 굿, 꼭두각시놀이, 남사당풍물놀이, 씨름 등 전국의 민속과 전통이 모두 모였다. KBS가 주최한 이 대규모 축제는 전 국민이 어울려 노는 기쁨과 화합의 장이 되어 여의도는 연일 사람들로 인산인해를 이루었다. 한시적이었지만 통행금지도 풀렸다. 〈잊혀진 계절〉의 가수 이용이 데뷔한 것도 이 국풍81 무대에서였다. 국풍에는 전통문화 행사가 대다수였지만 가요제도 열렸다. 이용은 〈바람이려오〉를 불러 국풍 최고의 스타로 등극했다.

국풍81은 당시 전두환 정부가 민족문화를 계승하고 우리 것에 대한 대학생들의 관심을 이끌어내기 위해 만든 행사였다. 그러나 민족문화 계승과 우리 것에 대한 관심 고취는 허울 좋은 기치였을 뿐이다. 국풍81의 진짜 목적은 대학생들이 80년 5월 광주를 기억하지 못하도록 하는 데 있었다.

국풍81에서는 유난히 탈춤과 마당극이 부각됐다. 당시 대학가에서는 탈춤반이 조직돼 마당극 형태로 정권을 풍자하고 있었는데, 학생들 사이에 불던 탈춤 열풍을 체제에 대한 저항이 아닌 인정으로 바꾸기 위해서였다. 군사독재 정권이 저항의 상징문화까지도 관제로 유인하려 한 것이다.

문화적 권리에 대한 국제사회의 인식

1980년대 초반 전통문화는 허약한 정권의 정당성을 보강하기 위해 자주 호출되었다. 국풍 81이 그러했듯, 문화국가 조항도 졸지에 헌법 가운데 불려 들어온 것일 수 있다. 광주 시민의 민주화 요구를 군홧발로 짓밟고 정권을 찬탈한 전두환 정권은 1980년 헌법을 개정했다. 그들은 80년 5월로 흐트러진 국민 여론을 결집시키기 위한 수단으로 문화를 활용했다. 1980년 5공화국 헌법 제8조에 처음으로 "국가는 전통문화의 계승·발전과 민족문화의 창달에 노력하여야 한다"는 문화국가 조항이 등장했으며, 현행 헌법 제9조도 이를 계승하고 있다. 따라서 이러한 국가주의적 문화 형성의 혐의로부터 벗어나고 문화 간 교류와 문화다양성 인정을 통한 지속가능한 창조적 문화 형성을 위해서는 백범 선생이 '아름다운 국가론'에서 담은 개방성, 보편성, 세계성, 평화성의 가치가 보완되어야 한다.

보편성, 개방성, 평화성의 측면에서 우리가 주목하고 발전시켜야 할 담론은 단언컨대 '문화기본권'이다. '문화기본권'은 '문화적 권리', '문화권'으로 불리는데, 그 내용은 '모든 국민은 성별, 종교, 인종, 세대, 지역, 사회적 신분, 경제적 지위나 신체적 조건 등에 관계없이 문화 표현과 활동에서 차별받지 않고 자유롭게 문화를 창조하며 문화 활동에 참여하여 문화를 향유할 권리'를 말한다. 문화기본권은 문화자유권(문화 영역에서 자유롭게 문화적 활동을 할 권리), 문화평등권(성별, 종교 또는 사회적 신분에 의하여 문화적 생활의 모든 영역에서 차별을 받지 않을 권리), 문화교육권(사회 구성원들이 문화 교육을 받을 권리), 문화환경권(건강한 문화적 환경 속에서 살아갈 권리), 문화참여권(적극적 참여를 통해 문화적 권리를 보장받을 수 있은 권리)으로 구성된다. 문화적 권리는 문화민주주의를 구현하는 밑바탕이라고 할 수 있다.

한나 아렌트는 《예루살렘의 아이히만》에서 아이히만 재판의 문제점을 두 가지로 지적했다. 아이히만을 인류에 대한 범죄가 아닌 유대인에 대한 범죄로 기소한 점, 국제 법정이 아닌 이스라엘의 예루살렘 법정에서 재판을 진행한 점이 그것이다. 아렌트는 아이히만 사건을 국제적 차원의 반인권적 범죄로 이해해야 한다는 주장을 통해 이 재판을 일국적 차원을 넘어 인류 보편의 차원으로 끌

어울리고자 했다. 문화적 권리도 한 나라의 기본권을 넘어 아렌트가 말했던 국제사회의 보편적 인권으로 재구성할 수 있을까? 그 해답은 1948년 유엔의 〈세계인권선언〉에서 시작해 2005년 유네스코의 〈문화적 표현의 다양성 보호와 증진에 관한 협약〉으로 이어지는 국제 규범의 흐름 속에서 일관되게 찾을 수 있다. 시민적, 정치적 권리, 경제·사회적 권리 분야의 보편적 인권 논의가 문화적 권리까지 지평을 넓히고 있다.

1948년 2차 세계대전 당시 히틀러 나치의 반인류적 범죄에 대한 비판을 배경으로 보편적 인권의 전범을 마련하기 위해 유엔 주도로 〈세계인권선언〉이 발표되었다. 〈세계인권선언〉 제22조에서는 모든 사람이 "자신의 존엄성과 인격의 자유로운 발전에 필수불가결한 경제, 사회, 문화적 권리들을 실현할 권리를 가진다"며 문화적 권리를 기본적 인권으로 인정하고 있다. 또 제27조 1항에서 "모든 사람은 공동체의 문화생활에 자유롭게 참여하고 예술을 감상하며 과학의 진보와 그 혜택을 향유할 권리를 갖는다"고 선언하고 있다. 또한 제2항에서는 "모든 사람은 자신이 창조한 과학적, 문학적, 예술적 창작물에서 생기는 정신적, 물질적 이익을 보호받을 권리를 가진다"고 선언한다. 〈세계인권선언〉은 선언적 규정으로 구체적 실행 지침까지 나아가지 못한 측면이 있지만, 문화적 권리를 처음으로 국제사회에 천명했다는 점에서 그 의의를 찾을 수 있다.

1966년에는 좀 더 발전된 인권 규약이 탄생한다. 〈경제, 사회, 문화적 권리에 관한 국제 규약(A규약)〉과 〈시민적, 정치적 권리에 관한 국제 규약(B규약)〉이 그것이다. 특히 〈A규약〉은 제13조에서 교육의 권리, 제15조에서 문화생활에 참여할 권리, 과학적 진보를 향유할 권리, 자신이 저자인 과학, 문학, 예술 활동의 결과로부터 나오는 도덕적, 물질적 이해의 보호를 얻을 권리 등을 규정한다. 개인적 차원의 문화적 권리를 강조하는 〈A규약〉에 비해 〈B규약〉은 제27조에서 인종적, 종교적, 언어적 소수가 존재하는 국가에서 소수에 속하는 사람들은 공동체 내의 다른 사람들과 함께 자신의 문화를 향유하고 자신의 종교를 고백하고 실천하며 자신의 언어를 사용할 권리를 거부당하지 않는다고 하고 있다. 이는 개인을 넘어 한 공동체, 국가 내에서 소수집단의 문화적 권리를 언급한 것이다.

소수집단의 문화적 권리는 소수집단의 토지, 자원의 사용과 밀접한 관련이 있다. 토지와 자원의 사용권은 문화적 권리의 핵심적 내용으로, 문화공동체로서의 삶을 유지하기 위해서는 특정한 거주지역이 필요하고, 이를 편안하게 유지할 수 있어야 하기 때문이다. 이에 대한 논의는 캐나다의 오미나약Ominayak 사례, 1990년대 호주의 애보리진aborigine 갈등, 뉴질랜드의 마후이카Mahuika 사례 등이 발생하면서 본격화되었다.

캐나다는 1971년 세계 최초로 다문화주의 정책을 채택하고, 1988년 〈다문화주의법Canadian Multiculturalism Act〉을 제정한 나라이다. 이런 캐나다 사회의 다문화주의 흐름을 더욱 빠르게 한 사건이 1992년 오미나약Ominayak 사례에 대한 유엔 인권위원회의 결정이었다. 캐나다 앨버타 주 루비콘 호수Lubicon Lake에 사는 원주민 부족장 버

나드 오미나약Bernard Ominayak은 캐나다 정부를 상대로 자신들의 땅인 루비콘 호수 일대를 지켜줄 것을 요청했고, 둘 사이를 중재한 유엔 인권위원회는 원주민 땅에서 가스나 기름 탐사를 위해 이주를 허용하는 것과 목재 개발을 허용하는 것은 불법이라는 결론을 냈다. 이로써 오미나약 등 원주민들이 루비콘 호수에서 환경과 경제적 기반을 위협하는 자원 개발로부터 자신들의 언어와 종교를 지키며 문화적 공동체를 유지할 수 있는 길이 열리게 되었다.

호주의 애보리진 갈등과 뉴질랜드의 마후이카 사례도 오미나약 사례와 크게 다르지 않다. 호주 원주민인 애보리진이 자신들의 권리를 주장하기 시작한 것은 1988년 호주 이민 200주년 행사에서 '우리 땅을 돌려달라'는 시위를 하면서부터다. 자신들의 권리에 눈을 뜬 원주민들의 시위는 그 후로도 계속되었고, 1992년 원주민 사회운동가 에디 마보Eddie Mabo가 정부에 토착민의 토지 소유권을 인정해줄 것을 요구하기에 이른다. 이에 호주 대법원이 조상 대대로 문화와 전통을 지켜온 원주민의 토지 소유권을 인정하는 판결을 내림으로써 호주 사회는 백인들의 유토피아를 꿈꾼 '백호주의'에서 개방과 공존의 '다문화주의'로 빠르게 변화하게 되었다. 뉴질랜드에서도 1992년 마오리족의 아피라나 마후이카Apirana Mahuika 등 원주민 대표들이 뉴질랜드 정부의 어업법 개정에 맞서 자신들의 바다에서 자신들이 결정할 수 있는 권리를 달라고 유엔인권위원회에 요청했다. 2000년 유엔 인권위원회는 이에 대해서도 어업권에 대한 통제와 사용은 소수집단의 문화 보호에 결정적 역할을 하기에 존중되어야 한다고 했다.

이제 세계 여러 나라에서 다문화주의를 인정하고, 학교 교과과정에서 다문화주의를 채택해 소수민족의 문화적 활동과 사회 내 이중 언어 교육을 위한 재정 지원에 나서야 한다는 목소리가 높아지고 있다. 소수집단의 권리 보호를 위해 문화다양성을 보호하고 장려한다는 것은 '문화적 상대주의'의 관점이다. 하지만 소수집단은 문화공동체로서 국가 정체성을 위협하고 국민국가로서의 통합을 저해하는 구심력으로 작용할 수 있기 때문에 그 문화적 권리를 인권으로서 적극적으로 보호하기까지는 많은 시간이 필요하다.

2005년 10월 유네스코에서 148개국이 찬성하는 가운데 〈문화적 표현의 다양성 보호와 증진에 관한 협약〉이 체결되었다. 당시 유네스코 회원국 중 미국과 이스라엘은 반대 의사를 표명했다. 미국이 반대한 이유는 유럽 국가들이 미국 문화산업과 신자유주의 확대에 직면해 자국의 문화산업을 보호하는 수단으로 협약을 활용하고 있다는 의구심 때문이었다. '자국 영토 내의 문화적 표현의 다양성을 보호하고 증진하기 위한 조치와 정책을 채택하는 주권적 권리를 갖는다'는 협약 제2조 2항이 국민국가의 주권적 권리를 강조하면서 문화를 일반상품과 동일하게 취급할 수 없다는 뜻으로 해석된 것이다.

이 협약에 프랑스의 국가 전략이 들어가 있음은 부인할 수 없는 사실이다. 문화다양성을 국가 차원에서 가장 잘 실천해온 나라가 프랑스이기 때문이다. 프랑스는 일찍이 문화를 다른 것과 동일하게 다룰 수 없다는 '문화적 예외' 정책을 펴왔고, 문화다양성은 문화적 예외를 확장하는 개념으로 등장했다. 문화를 다른 재화와 달리 취급하는 정책으로는 1981년 미테랑 정부 문화부 장관이었던 자크 랑이 도입한 '도서정가제'를 들 수 있다. 도서정가제는 도서의 소비자가격 경쟁을 제한해 관련 산업을 보호하는 동시에 독서 활동을 증진하고 독립 서점들을 경쟁으로부터 보호해 서점의 공급 다양성을 보장하는 대표적인 문화다양성 정책이다. 또한 미테랑 대통령은 1993년 우루과이 라운드 협상 과정에서 영화 및 텔레비전쇼를 세계무역협정에서 제외하기를 원한다고 밝히기도 했다. 이는 유럽과 미국 문화의 균형을 맞추고, 약소 문화권의 문화를 거센 자본의 압력으로부터 보호하자는 취지에서였다.

〈문화기본법〉 제정

국제적 차원에서의 문화기본권 논의는 우리나라에서 2013년 〈문화기본법〉 제정으로 결실을 맺었다. 문화기본권의 법적 근거가 마련된 것이다. 우리나라에서는 법 제정 이전부터 국제사회의 의제가 되어왔던 문화권을 명시하는 법적 근거를 만들어야 한다는 시민사회의 요구가 있어왔다.

〈문화기본법〉 제정 논의는 참여정부 시기 문화적 가치의 사회적 확산이라는 측면에서 처음 시도되었다. 이 법안에는 문화권, 문화영향평가, 문화 창조자, 생산자, 매개자의 권리, 국가와 지방자치단체의 책무 등이 담겨 있었는데, 당시에는 법률로 제정되지는 못하고 2006년 '문화헌장'의 형태로 실현되었다. 이 헌장은 국가 주도가 아닌 시민사회가 제기하는 시민 협약의 형태로, 국가와 시민사회의 공동 산물로 제시되었다.

　　문화적 권리를 인권의 형태로 규정하고 이를 뒷받침하는 문화정책을 통해 사회 발전을 도모하려는 움직임은 박근혜 정부의 문화융성이라는 국정 기조와 맞아떨어지면서 결실을 맺었다. 하지만이는 문화기본권 보장이라는 시대적 가치와 시민적 인권을 보호받기 위해 싸워온 인권 운동의 역사가 있었기에 가능한 것이었다.

　　〈문화기본법〉은 대중문화와 엘리트문화의 경계를 허물면서일반 시민이 누리는 문화적 권리를 강조하고 이를 제도화한다. 우리 사회는 이 법을 통해 효율성과 이윤을 중시하는 경제 중심주의에서 국민의 행복 실현을 중심에 두는 인간 중심의 문화주의 성장모델로 나아갈 수 있게 되었다.

　　〈문화기본법〉은 총 13개 조항으로 이루어져 있다. 기존의 문화 관련 법률들은 주로 문화예술 창작자나 사업에 대한 지원 등에치우쳐 문화향유권 등 국민 개개인의 문화권에 대한 제도적 토대가 부족했다. 〈문화기본법〉은 국민 누구나 마땅히 누려야 할 기본권으로서 '문화권'을 최초로 명시하고 있다. '문화'의 정의를 협의의 문화예술에 국한하지 않고 국민 개개인의 삶 전 영역으로 확장하여 문화가 교육, 복지, 환경, 인권과 분리되지 않고 통합적으로 연계되어 있음을 명확히 했다. 이는 문화를 '문화예술, 생활양식, 가치 체계 등을 포함하는 사회나 사회 구성원의 고유한 정신적, 물질적, 지적, 감성적 특성의 총체'로 규정한 것이다.

사회 전반에 문화의 가치를 확산하기 위한 수단으로 규정한 '문화영향평가'는 국가와 지방자치단체의 각종 계획과 정책을 수립할 때 문화적 관점에서 국민의 삶의 질에 미치는 영향을 평가하는 제도이다. 헌법상 국민의 문화권을 구체화하고 이를 보장하기 위한 국가적 책무를 규정하여 문화국가 실현의 제도적 토대를 마련한 것이다. 〈문화기본법〉은 국민이 누려야 할 문화권을 선언한 것으로서, 헌법과 개별법을 연계해주는 매개법으로서 기능한다.

우리나라는 유네스코의 〈문화적 표현의 다양성 보호와 증진에 관한 협약〉을 비준하면서 국내 이행 조치로서 2014년 5월 〈문화다양성의 보호와 증진에 관한 법률〉을 제정했다. 이주노동자, 유학생, 국제결혼의 증가로 우리 사회는 급속히 다문화 사회로 변화하고 있다. 다름과 차이를 차별이 아닌 다양한 삶의 방식으로 인정해야 하는 시대와 직면한 것이다. 우리 사회의 문화 공존 의식은 선진국에 비하면 여전히 낮은 편이다. 다양한 문화적 차이를 인정함으로써 사회 통합을 추구하는 데 튼튼한 기틀을 다지기 위한 노력이 앞으로 더 필요하다. 〈문화다양성의 보호와 증진에 관한 법률〉은 문화다양성과 문화적 표현의 정의, 이를 지키기 위한 국가와 지방자치단체의 책무, 문화다양성 실태조사 및 연차 보고 등의 규정과 문화다양성의 날 지정, 국무총리 소속 문화다양성위원회 설치 등 15개 조항으로 구성되어 있다.

문화적 권리를 위한 국가의 역할

인권을 실질적으로 보장하기 위해 국가는 어떤 역할을 해야 할까. 전통적인 자유주의자 프리드리히 하이에크Friedrich Hayek식으로 생각한다면, '어떤 개인이 다른 사람 또는 사람들의 자의적 의지에 의해 강압받지 않는 상태'가 자유이다. 국가 또한 개인의 자유를 보장하기 위해서는 자신의 힘을 억제하고 개인의 삶에 개입할 여지를 줄여야 한다. 인권의 역할은 자유시장 내에서 개인의 자율성에 간섭하려고 하는 국가를 억제시키면 되는 것이다.

그러나 우리가 이야기하는 문화적 권리는 하이에크식의 협소한 인권 해석과 축소된 국가의 의무만으로 달성될 수 없다. 자유와 인권, 문화적 권리를 전통적 관점의 틀에 묶어놓는다면, 문화적 권리는 실질적으로 작동될 수 없다. 밥 먹을 돈도 없는데 공연을 보러 갈 생각을 할 수 있을까? 서울이나 수도권이 아닌 지방에서 다양한 전시를 볼 수 있을까? 문화예술에 대한 소양이 낮은데 문화예술을 향유할 수 있을까? 문화적 삶을 누리지 못한 사람은 빈곤하거나 문화예술 공간에서 지리적으로 먼 거리에 살거나 문화예술에 대한 경험과 소양이 낮을 가능성이 높다. 따라서 문화적 활동에서 배제되지 않고 참여할 수 있도록 배려받을 때 비로소 한 개인은 문화적 기본권을 누리고 문화적 삶을 영위할 수 있다. 국가가 이러한 배려를 하지 않는다면 개인도 헌법이 보장한 권리를 행사할 능력을 가질 수 없다.

　노벨경제학상을 수상한 인도의 경제학자 아마르티아 센 Amartya Sen은 '역량이론capability theory'을 통해 사람들이 단순히 형식적 권리를 지니는 것이 중요한 것이 아니라, 그들에게 실제로 어느 정도나 자신의 선택을 행사할 수 있는 능력이 있는가가 중요하다고 했다. 이러한 주장을 문화권으로 확장한다면, 개인의 역량을 증진하기 위해서는 반드시 국가의 적극적 행동이 필요하다. 이러한 관점은 영국의 법학자 샌드라 프레드먼Sandra Fredman에 의해 논의가 확장되기도 했다. 그녀는 인권에 관한 기념비적인 저작인《인권의 대전환Human Rights Transformed》(2008)에서 인권의 개념을 단지 국가의 자기 억제 의무에만 둘 것이 아니라 국가가 져야 할 적극적 의무로 보아야 한다는 말하며, 이러한 국가의 노력은 민주주의를 구성하고 유지하기 위해서 반드시 필요하다고 주장했다.

　센과 프레드먼의 주장을 종합하면, 우리가 문화적 기본권을 향유하기 위해서는 국가가 세 가지 의무를 져야 한다. 첫째, 존중할 의무(회피할 의무)이다. 개인의 자유를 존중하고 그것에 간섭하지 말아야 할 의무이다. 둘째, 보호할 의무이다. 제3자가 어떤 개인의 권리를 침해하지 못하도록 국가가 조치를 취할 의무이다. 셋째, 충족시킬 의무(지원할 의무)이다. 국가가 그 권리에 대해 직접 재화나 서비스를 제공해야 한다. 저소득자의 문화 활동을 위해 문화바우처를 지급하고, 도시에서 멀리 떨어진 외진 곳에 작은 영화관을 만들고, 문화예술에 대한 이해를 높이도록 문화예술 교육을 실현하는 것이 바로 그러한 것들이다. 보편적 인권으로서의 문화적 권리를 실질적으로 보장하기 위해서 국가는 자신의 능력을 적극적으로 사용할 수 있어야 한다.

문화와
민주주의

1863년 미국의 16대 대통령 에이브러햄 링컨은 게티즈버그 연설을 통해 '국민의of the people, 국민에 의한by the people, 국민을 위한for the peole 정치'를 천명했다. 어렸을 때《성문종합영어》를 공부하면서 봤던 이 문구는 단순하면서도 명쾌했다. 민주주의가 무엇인지 궁금할 때 나는 이 문구를 떠올린다. 링컨의 민주주의를 그 문구대로 풀자면, '국민이 주인이 되어, 국민이 참여하고, 국민이 행복한 정치가 이루어지는 제도'이다.

이러한 민주주의의 개념과 문화는 어떠한 관계 맺기를 할 수 있을까? 문화와 민주주의를 연결시키려는 노력들은 '문화의 민주화Democratization of culture'와 '문화민주주의Cultural Democracy' 개념을 통해 오래전부터 여러 나라에서 전개되어왔다. '문화의 민주화'가 더 많은 국민에게 순수예술을 확산시키는 데 중점을 둔다면, '문화민주주의'는 더 많은 국민이 예술적 활동에 참여하는 데 중점을 둔다. 그래서 문화학자 예른 랑스테드Jørn Langsted는 '문화의 민주화'는 '모든 사람을 위한 문화culture for everybody'이고, '문화민주주의'는 '모든 사람에 의한 문화culture by everyone라고 했다.

문화의 민주화와 문화민주주의를 국가의 문화 정책으로 실천하면서 문화와 민주주의 논의를 풍성하게 하는 데 기여한 나라가 프랑스이다. 프랑스의 문화와 민주주의 정책은 1960년대 드골 정부의 문화부 장관 앙드레 말로와 1980년대 미테랑 정부의 문화부 장관 자크 랑의 문화 정책을 통해 그 기틀이 마련되었다. 보통의 경우 보수주의 정부는 국가와 문화를 분리시키는 이원주의 경향이 있고, 진보주의 정부는 문화의 공공성을 지키려는 경향이 있다. 그러나 프랑스는 보수, 진보 가릴 것 없이 국가 주도로 문화와 민주주의 정책을 추진했다는 점이 이색적이다. 여기서 기억해야할 것은 프랑스의 국가 주도 문화 정책은 나치의 문화 통제와 프로이센 시대 문화를 통해 국가를 형성하려 했던 것과는 본질적으로 다르다는 점이다. 왜냐하면 프랑스의 문화 정책은 한 사회가 문화의 공공성을 지키려는 노력 속에서 일반 국민의 문화적 권리cultural rights를 옹호하는 방향으로 전개되었기 때문이다. 따라서 프랑스에서 문화와 민주주의 정책이 앙드레 말로와 자크 랑 시대를 통해 어떻게 전개되었는지 살펴보는 것은 '문화'와 '민주주의'를 이해하는 데 큰 시사점을 던져줄 수 있다.

드골 정부의 문화 민주화 정책

1959년 드골 대통령은 세계 최초로 문화부를 창설했다. 드골은 1946년부터 헌법 전문에 "국가는 어린이와 어른에게 교육과 문화에 대한 동등한 권리를 보장한다"는 문구를 명시할 정도로 국민의 문화권을 국가가 제공하는 공공서비스 영역으로 보호할 줄 아는 지도자였다. 드골은 프랑스의 행동주의 문학 작가로 레지스탕스 활동을 했던 앙드레 말로를 문화부 장관으로 임명했다. 말로는 직접 문화부 시행령 1조를 작성했는데, 이는 현대사회에서 공적 문화 정책의 필요성을 천명한 최초의 선언이었다.

> 문화부의 사명은 많은 프랑스인들이 프랑스 주요 작품에 접근하고 프랑스 문화자산을 접하고 예술작품의 창조와 이를 풍요롭게 하는 정신에 혜택을 주는 것이다.

반파시스트였던 앙드레 말로는 나치주의로부터 '문화와 문명'을 보호하고, 인간의 기계화와 미디어의 역효과로부터 문화를 방어하고자 했다. 그는 1959년부터 1969년까지 문화부 장관에 재직하며 프랑스의 국가 주도형 문화 모델의 기초가 되는 '문화의 민주화Démocratisation de la culture' 정책을 만들어낸다. 앙드레 말로 시대 문화의 민주화는 물려받은 지적 문화의 형태를 간직하고 전파하는 것이며, 문화 분야의 창작 활동을 지원하는 것이었다. 즉 문화를 적극적으로 권장하여 국민들이 가치 있는 작품을 문화로 인식하게 하고자 했다. 이것은 앙드레 말로뿐 아니라 프랑스 사회를 도도히 흐르는 사상적 흐름이기도 하다. 1955년 정부에서 발표한 담화문에는 "파리의 교통 흐름을 개선하기 위해 지하로 통행하는 것을 고려하기보다 파리 외곽 지역인 방리유의 수만 명의 시민들의 정신적 삶을 위해 몰리에르, 코르네유 그리고 셰익스피어를 발견할 수 있는 공연장과 전시장을 건설하는 것이 더 급한 것은 아닌지 생각해봐야 한다"고 되어 있다.

앙드레 말로 시대 문화예술 총책임자였던 가에탕 피콩Gaëtan Picon은 "모든 사람들을 위해 존재하지 않는 아름다움은 무엇인가? 모두를 위하여 존재하지 않는 진실은 무엇인가? 누군가를 위해서만 존재하는 문화는 중단되어야 하며 민주주의는 처음부터 이에 전념하여야 한다"고 민주주의의 토대로서 문화 정책의 방향을 이야기했다.

앙드레 말로 시절 문화 정책의 핵심은 문화 접근에 있어 지리적으로 열악한 환경에 속해 있는 사람들에게 예술 접촉의 기회를 제공하고 문화를 모든 사람들이 향유하는 공동재산으로 변모시키는 것이었다. 이를 위해 각 지역에 문화예술의 거점이 되는 문화의 집Maison de la Culture을 짓고 훌륭한 순수예술 작품들을 지방에까지 확산시켰다. 문화의 집은 연극과 음악, 전시, 영화, 문학 등 여러 분야의 문화예술 활동을 한군데서 경험할 수 있는 '복합문화센터'와 같은 곳이다. 말로는 문화의 집을 '20세기의 성당'이라고 말했으며 문화를 통해 프랑스인들의 의식 개혁을 할 수 있다고 믿었다.

1968년 5월 프랑스에서 68혁명이 일어났다. 단순한 학내 문제로 시작된 대학생들의 시위는 전통과 권위, 기성세대와 국가권력에 저항하는 혁명으로 진전되었다. '우리의 모든 권력을 상상력에게 주겠다'는 구호처럼, 자유로운 공동체를 꿈꾼 학생들은 모든 권위에 저항했다. 68혁명은 프랑스 사회 전반에 커다란 변화를 가져왔다. 학생 시위를 진압했던 드골 정권이 퇴진했고, 앙드레 말로 시대의 문화 정책도 비판의 대상이 되었다. 문화의 민주화 정책이 문화 접근의 불평등은 개선했지만 문화 자체에 대한 고민은 결여했다는 것이 이유였다. 끝내 문화 엘리트주의를 극복하지 못했다는 점도 공격받았다. 68혁명은 고급문화와 대중문화를 둘러싼 문화의 경계에 대한 문제제기를 통해 새로운 문화 이데올로기로서 '문화민주주의'의 발전을 견인하는 역할을 했다.

미테랑 정부의 문화민주주의 정책

1980년대 미테랑 정부 시절 자크 랑이 문화부 장관으로 등장했다. 1981년부터 1992년까지 장관으로 재직한 자크 랑은 '문화민주주의Démocratie Culturelle'를 내세우며 문화부의 임무에 관한 시행령을 개정했다.

문화부는 다음의 사명을 갖는다. 모든 프랑스인들이 발명하고 창조할 수 있는 능력을 키울 수 있도록 할 것, 자신의 재능을 자유롭게 평가받을 수 있게 할 것, 그리고 그들이 자신의 선택에 의해 예술 교육을 받을 수 있도록 할 것. 국가와 지역 자치단체는 공동의 이익을 위해 국가 차원의 문화유산과 지역 문화유산 혹은 사회집단의 문화유산을 보존하고, 예술작품의 창조와 이를 풍요롭게 하는 정신에 혜택을 주며 세계 문화의 자유로운 소통 안에서 대중에게 프랑스 문화와 예술의 명성을 전달할 것.

이 문구는 앙드레 말로 시대의 시행령 정신을 이어받고 있지만, 자세히 들여다보면 그 시대의 핵심인 '문화의 민주화'를 상징하는 문구가 삭제되었음을 알 수 있다. '많은 프랑스인들이 프랑스의 주요 작품에 접근 가능하도록 하는 사명을 갖는다'는 문구가 사라진 것이다. 대신 모든 국민이 예술 활동에 참여하도록 독려하는 것이 문화부의 두드러진 사명으로 등장한다. 바로 '모든 프랑스인들이 발명하고 창조할 수 있는 능력을 키울 수 있도록 할 것, 자신의 재능을 자유롭게 평가받을 수 있게 할 것 그리고 그들이 자신의 선택에 의해 예술 교육을 받을 수 있도록 할 것'이 그 문구이다.

자크 랑 시대의 '문화민주주의'는 '모두에 의한 예술'로서 문화를 즐기는 수용자에게 주목한다. 정부는 예술 영역에서 배제되었던 대중음악, 서커스, 만화, 낙서, 요리, 패션을 문화로 포섭하여 강력한 '문화의 대중화'를 시도했다. 1982년 만화를 정당한 예술 영역으로 인정하여 프랑스 남서부 도시 앙굴렘Angouleme에서 국제 만화 축제를 개최한 것도 그러한 정책의 일환에서였다. 또한 그랑 트라보grands travaux로 불린, 프랑스 역사상 유례없는 대형 문화예술 공간 프로젝트를 시작했다. 20년 동안 파리를 중심으로 루브르 박물관, 프랑스 국립도서관, 바스티유 오페라 극장, 오르세 미술관이 조성되었다. 막대한 예산이 이 같은 문화예술 정책에 투입되었다. '모든 것이 문화이다'는 '모두에 의한 문화'로 진화하면서 다양한 문화예술의 근간인 창의성을 존중하고 문화를 산업화하는 정책으로 탈바꿈되었다.

생활 속의 예술

앙드레 말로 시대의 문화의 민주화와 자크 랑 시대의 문화민주주의는 프랑스의 문화적 영광을 되찾으려는 문화국가의 노력으로 수렴되는데, 이는 강력한 지방 분산화 정책이라는 수단을 통해 추진되었다. 앙드레 말로는 일드프랑스, 코르시카 등 8개 레지옹région에 지역문화사무국DRAC, Direction Regional des Affaires Culture을 설치했다. 자크 랑 시대에는 그 숫자가 22개까지 확대되었다.

앙드레 말로와 자크 랑 이후 프랑스 문화 정책은 문화적 예외, 문화다양성 등의 개념을 확산시키는 방향으로 전개되었다. 하지만 두 인물의 문화 행정에 대한 신념만은 변함없이 후대에 계승된다. 1995년 필립 두스트블라지Philippe Douste-Blazy 문화부 장관은 "개인에게 예술작품에 접근할 기회를 평등하게 제공해 시민 의식을 풍부하게 형성할 수 있는 가능성을 부여하고 이를 통해 사회적 단절을 줄여나가야 한다. 이를 위해 국가는 문화적 다원주의와 창작의 자유를 옹호해야 한다"며 문화부 정책의 재건을 내걸었다.

'문화의 민주화'와 '문화민주주의'는 모두 문화와 민주주의에 대한 위대한 두 개념이다. 하지만 이 둘 사이에는 앞에서 밝힌 바와 같이 분명한 차이가 있다. 문화의 민주화에는 고급예술이 모든 사람이 향유할 만한 좋은 예술이고 고급예술과 저급예술의 구별 기준은 미학적 질aesthetic quality이라는 인식이 깔려 있다. 여전히 거작, 예술가, 전문 예술가를 우대하는 정책을 한다. 이에 반해 '문화민주주의'는 예술에는 경계가 없다는 것과 시민의 문화적 사명 등을 주장한다. 우리나라도 1980년에 예술의전당, 국립현대미술관을 건립했다. 이는 고급예술에 대한 일반 대중의 접근성을 높이려는 취지에서였으며 '문화의 민주화' 차원에서 이해될 수 있다. 소외계층을 위한 문화 체험 기회를 제공하는 문화바우처 사업도 대중의 손을 이끌어 고급예술에 대한 체험 기회를 높이려는 의도가 강하다.

그러나 이제 우리 문화예술 현장도 순수예술과 대중예술, 전문가와 아마추어의 경계가 희미해지고, 지역에서 예술 동호회가 생활공동체로 그 지평을 넓혀나가면서 문화민주주의로 시대적 전환이 일어나고 있다. 예술을 좋아하고 사랑하는 사람들이 연극 동아리, 미술 동아리, 음악 동아리를 통해 예술 참여 활동을 하는 것은 생활 속에서 예술을 구현하는 것이다. 앞으로는 이러한 예술 활동을 개인의 사적 취미로만 보는 시각에서 벗어나야 한다. 예술을 기반으로 한 모임을 통해 사회문제를 해결하고 민주주의를 학습하며, 소통하는 커뮤니티가 형성될 수 있기 때문이다.

'사회적 자본social capital'을 주창한 미국의 정치학자 로버트 퍼트넘Robert Putnam은 《나 홀로 볼링Bowling Alone》(2000)이라는 책에서 사회적 커뮤니티가 붕괴해 나 홀로 볼링을 치는 미국 사회를 개탄하며 사회적 연계를 통해 공동체를 만들어나가는 것이 미국 민주주의가 소생하는 길이라고 주장했다. 어쩌면 '생활 속의 예술'을 구현해나가는 전국 각지의 예술 동아리들이 사회적 유대를 강화하고 소통하며 우리 시대 민주주의와 공동체의 근간을 이루게 될지도 모른다. 앞으로 우리의 문화민주주의적 정책과 실험도 보다 풍요로워져야 할 것이다.

3부

예술의 자유를 향한 여정

우리의
문화예술법들

세계 각 나라들은 역사적 맥락과 추구하는 가치에 따라, 국가와 문화, 문화와 법이 관계 맺는 방식에서 차이를 보인다. 프랑스는 드골 정부부터 국가의 위신을 문화적 성취에서 찾으면서 국가가 강력하게 문화를 지원하는 모델을 추구해왔다. 반면 자유주의 가치를 신봉하는 미국은 국가와 문화를 철저히 분리하는 이원주의적 태도를 취했다. 영국은 프랑스와 미국의 중간적 입장을 취하면서, 국가가 문화를 지원하되 간섭은 하지 않는다는 케인즈의 '팔 길이 원칙'에 입각한 길을 추구했다.

우리나라는 역사적으로 국가의 강력한 개입을 통해 문화를 성장시켜왔다. 때문에 예술의 자생적 토대가 약해져 예술인들은 더욱 국가에 의존하고 국가는 정치적 지원을 확보할 필요에서 예술인들을 지원했다. 예술인들이 만든 가장 큰 단체인 한국문화예술단체총연합회(예총)도 한국노총을 비롯한 민간단체를 국가주도 성장의 지원 세력으로 포섭하려는 과정에서 탄생했다. 일찍이 시장에서 성공하기 쉽지 않은 미술 전시와 공연 등이 국가의 지원 속에서 명맥을 유지하며 지금에 이르렀다.

한국 사회가 산업화와 민주화의 경로를 걷는 가운데, 국가와 문화의 관계도 변화해왔다. 법과 제도는 시대적 요구를 반영한다. 광의의 문화법에는 문화예술과 관련한 법, 문화콘텐츠산업과 관련한 법, 저작권과 관련한 법, 문화재와 관련한 법이 있다. 대표적으로 〈문화기본법〉, 〈문화예술진흥법〉, 〈문화산업진흥 기본법〉, 〈저작권법〉, 〈문화재보호법〉 등 40여 개 법률이 있다. 국가와 문화의 관계 변화는 이러한 법의 제정과 개정 과정에 고스란히 드러난다. 이번 장에서는 문화와 관련된 법들의 변화 과정을 살펴보고자 한다. 이는 그 시대 문화예술 현장의 요구가 무엇인지 이해하는 작업이기도 하다.

〈공연법〉과 사전심의

현행 문화예술법 중 역사가 가장 깊은 것은 〈공연법〉이다. 〈공연법〉은 1949년 〈예술보호법〉에 뿌리를 두고 있으며, 공연의 상연 여부를 심의하는 기능을 갖는 '공연윤리위원회'의 설치 근거 법률로서 강력한 지위를 갖는다. 〈공연법〉은 공연, 공연장의 설치와 운영,

무대예술 전문인의 양성 등을 규정하고 공연예술 자유의 보장과 그 한계를 정하고 있다. 또한 공연의 물적 장소인 공연장의 안전성을 확보하기 위한 준수 사항을 정하는 등 규제 법률로서의 성격도 갖고 있다. 예술의 자유를 보장하는 〈공연법〉에서 공공의 복리를 위해 그 자유를 제한하는 경우로는 연소자 유해 공연물 제한과 외국 공연물의 국내 공연 제한 등이 있다.

〈공연법〉에는 국내에서 공연하려는 외국인이나 외국인을 국내에 초청하여 공연하려는 경우 영상물등급위원회의 추천을 받도록 하는 규정이 있다.(제6조 1항) 한국에서 공연을 하려는 외국인이나 외국의 공연 단체는 그 추천을 근거로 재외공관을 통해 단기취업사증(C-4)을 발급받을 수 있다. 이러한 규제 규정을 둔 취지는 국익을 해치고 공공의 질서와 선량한 풍속을 해칠 수 있는 외국 공연이 국내에 소개되는 것을 막기 위해서이다. 공익적 목적을 위해 외국인이나 외국 단체의 예술의 자유를 일부 제한한 것이다. 그러나 그 추천이 사전심사의 성격을 가질 수 있기 때문에 이러한 제한은 필요 최소한의 범위에서 그쳐야 한다.

이 규정과 관련하여 레이디 가가Lady Gaga의 내한 콘서트를 둘러싼 논란이 있었다. 2012년 레이디 가가의 아시아 투어 'Born This Way Ball'의 한국 공연 당시 레이디 가가의 음악이 종교를 조롱하고 동성애를 옹호한다는 이유로 국내의 보수 단체와 기독교 단체가 공연 취소를 요구하는 사태가 벌어졌다. 이에 대한 부담 때문이었는지 당시 영상물등급위원회는 노래 가사와 공연 내용이 선정적이라는 이유로 콘서트를 연소자 유해 공연물로 분류해버렸다. 그 바람에 18세 미만에게 팔린 티켓에 대해 콘서트 주최 측이 전액 환불하는 소동이 벌어졌다. 레이디 가가 아시아 콘서트는 한국, 홍콩, 일본, 싱가폴에서 개최되었는데, 10대 관람 금지 판정을 받은 것은 한국이 유일했다.

〈문화예술진흥법〉의 여러 갈래

문화예술 진흥에 관한 가장 기본적이고 총체적인 법률은 〈문화예술진흥법〉이다. 1972년 제정되어 우리 문화예술법의 역사와 함께 해온 법률이다. 〈영화진흥법〉, 〈문화예술교육 지원법〉 등 많은 법들이 이 〈문화예술진흥법〉에서 파생되었다. 우리나라는 문화예술 진흥의 다양한 사항을 우선 〈문화예술진흥법〉에 규정하고, 새로운 입법이 요구될 때 다른 개별 법률들을 정비하는 방식으로 문화예술법을 운용해왔다.

〈문화예술진흥법〉은 물적 인프라로서 전시 시설, 공연 시설, 도서 시설, 지역 문화 복지 시설 등 다양한 문화예술 공간에 대한 사항을 정한다. 우리나라는 문예 진흥의 재원을 문예진흥기금을 통해 조성하고 '한국문화예술위원회'를 통해 이 기금을 운용·관리하게 하고 있다. 원래 독임제 기구였던 한국문화예술진흥원은 참여정부 시절, 참여와 개방, 자율의 가치를 반영한 '위원회' 조직으로 전환됐다. 〈문화예술진흥법〉에는 문화복지에 관한 조항도 들어 있다. 이 조항에서는 특히 문화 소외 계층이 공연과 전시, 영화를 관람할 수 있도록 하는 바우처로서 '문화이용권'을 제도로 규정하고 있다.

문화예술법은 문화국가의 인프라로서 문화 시설에 주목한다. 그 대표적인 것이 박물관과 미술관이다. 박물관과 미술관은 국가와 사회의 가치 창조의 원천이자 문화유산의 보고이다. 일국의 문화 역량을 가늠하는 척도이기에 우리가 외국을 방문할 때 가장 많이 찾게 되는 장소이기도 하다. 우리나라는 1984년 〈박물관법〉을 제정했고, 이를 확대하여 1991년 〈박물관 및 미술관 진흥법〉으로 새롭게 제정했다. 이 법률은 박물관과 미술관의 설립과 운영에 관한 사항을 규정하고 있다. 외국에서는 뮤지엄museum이란 단일 용어를 쓰지만, 우리나라는 넓은 의미의 박물관과 특히 미술에 관한 자료를 주로 다루는 미술관으로 구분하여 사용하고 있다.

2000년대를 지나면서 우리 사회는 창의성의 요람이며 사회 통합의 기본으로서 문화예술 교육에 주목하기 시작했다. 우리 헌법 제31조는 "모든 국민은 능력에 따라 균등하게 교육을 받을 권리를 가지며 국가는 평생교육을 진흥하여야 한다"고 되어 있다. 이 조항에 근거하여 〈문화예술교육 지원법〉이 제정된 것이다. 2002년 12월 6일 문화예술계와 교육계 인사 1,295명이 〈21세기 문화교육 운동 선언문〉을 발표했다. 이 선언문은 '문화 교육은 단순한 지식과 정보를 얻고 주입하는 것이 아니라 지식의 가치를 판단하는 능력을 가르치는 것으로써 창의성 함양에 중요하다'는 점을 강조하고 있다. 그리고 지식 교육, 인성 교육, 예체능 교육의 균형 발달에 이바지하는 새로운 교육 체계로서 '문화 교육'을 주창한다. 이러한 움직임이 2005년 〈문화예술교육 지원법〉 제정으로 결실을 맺었다.

〈예술인 복지법〉과 〈문화기본법〉

일제강점기와 6·25를 거치면서 가난과 배고픔에 직면했던 우리나라는 70, 80년대 경제개발과 성장의 가치를 그 무엇보다 우선시할 수밖에 없었다. IMF 외환 위기와 신자유주의의 물결 속에서는 물질적, 경제적 가치가 모든 가치 위에 군림했고 정신적, 문화적 가치는 경제적 가치로 환원될 때에야 비로소 의미를 지닐 수 있었다. 국가와 사회에 기여하는 예술과 예술인의 가치를 법적으로 인정하고 이를 보장하려는 문화예술법의 시대는 이처럼 어려운 상황 속에서 시작되었다. 그리고 그 시작에는 2011년 우리 사회에 파장을 불러일으킨 시나리오 작가 최고은의 외로운 죽음이 있었다.

우리 헌법 제34조는 모든 국민은 인간다운 생활을 할 권리를 가지며, 국가는 사회보장과 사회복지의 증진에 노력할 의무를 지고 신체장애자는 법률이 정하는 바에 의하여 국가의 보호를 받는다고 규정하고 있다. 이 헌법 조항에 근거하여 〈예술인 복지법〉이 제정된 것이다.

예술인의 지위가 법적으로 보장받을 수 있는 것은 문화국가 실현과 국민의 삶의 질 향상에 예술인이 중요한 공헌을 하는 존재이기 때문이다. 경제적 가치가 추앙받는 시대에 시인이나 연극인, 음악인은 경제사회 발전에 조금의 도움도 되지 않는 존재로 가족과 사회에 부담스러운 존재일지 모른다. 그런 사회에서 예술과 예술인의 가치를 천명하고 공감하려는 노력은 문화국가 실현의 인식적 토대가 될 것이다.

〈예술인 복지법〉은 예술인들에게 자유롭게 예술 활동에 종사할 수 있는 권리, 예술 활동의 성과를 통해 정당한 정신적, 물질적 혜택을 누릴 권리, 불공정한 계약을 강요당하지 아니할 권리를 부여한다. 프랑스에서는 앵테르미탕 드 스펙타클intermittent de spectacle, 즉 '공연예술계 비정규직을 위한 실업급여 제도'가 있다. 공연과 영상 분야의 경우 비정규직으로 일하고 있는 예술인을 상대로 실업보험에 가입하게 한 후, 507시간 이상 일했을 때 최대 8개월까지 실업급여를 받을 수 있게 한 제도다. 다른 나라의 좋은 제도가 있다면 우리 현실에 녹여낼 수 있는 열정과 지혜가 필요하다.

우리 헌법은 문화국가에 대한 지향을 밝히고, 문화에 관한 시민적 권리를 주창한다. 그러나 문화에 관한 헌법 규정은 여러 조항에 흩어져 있고, 추상적이고 선언적이어서 현실에서 이를 바로 적용하는 데는 어려움이 있었다. 그래서 구체성을 높이고 일목요연하게 한눈에 파악할 수 있는 법률로서 2013년 〈문화기본법〉이 제정되었다. 〈문화기본법〉은 문화가 한 공동체에 바치는 기여가 무엇인지 밝히고 있다는 데 그 의의가 있다.

〈문화기본법〉은 국가 문화 정책의 목적은 문화의 가치와 위상을 높여 국민의 삶의 질을 향상하는 것이라고 밝힌다. 또한 국민의 권리로서 '문화권'의 존재를 인정한다. '문화권'은 성별, 종교, 인종, 지역, 세대, 사회적 신분, 경제적 지위나 신체적 조건 등에 관계없이 문화 표현과 활동에서 차별을 받지 아니하고 자유롭게 문화를 창조하고 문화 활동에 참여하며 문화를 향유할 권리이다. 여기에는 평등권, 자유권, 향유권으로서의 특성이 있다. '문화권'이 법률에 명확히 등장한 것은 우리나라가 처음으로 문화권은 세상에 그 이름을 처음 갖게 된 한국의 발명품이다.

문화다양성 보호와 문화예술 후원에 관한 법률

세계화의 물결 속에서 자본을 앞세운 선진 강국이 약소국 문화를 공격하는 현상이 가속화되면서, 유럽과 제3세계 국가들 사이에서는 자국 문화에 대한 방어 논리로서 '문화다양성'을 내세우게 되었다. 그리고 이는 다시 다양한 문화의 공존이라는 방향으로 확산되고 있다. 우리나라는 2010년 유네스코의 〈문화적 표현의 다양성보호와 증진에 관한 협약〉을 비준하면서, 협약의 후속 조치로서 2014년 〈문화다양성의 보호와 증진에 관한 법률〉을 제정했다.

'문화다양성'은 집단과 사회의 문화가 집단과 사회 간 그리고 집단과 사회 내에 다양한 방식으로 표현되어 전해지는 것을 말하며, 방법의 다양성과 창작, 생산, 보급, 유통, 향유 방식의 다양성을 의미한다. 문화다양성 보호를 통한 다양한 문화의 이해와 수용은 우리 문화예술 창조성의 기반이 된다. 문화공동체 내에서 구성원 간에 다양한 이질적 문화가 공유되고 향유되면 문화 간 공존과 대화가 실현될 것이며, 이는 곧 문화적 창조력을 높이는 긍정적 요인으로 작용하게 된다.

시장 실패가 발생하는 문화예술 영역에서 외부의 재정 지원은 무엇보다 중요하다. 여기에는 예산을 통한 정부 지원이 큰 몫을 차지하지만 정부의 재원에는 한계가 있기 때문에 민간 차원에서의 문화예술 후원도 반드시 필요하다. 역사적으로 15세기에서 16세기 피렌체의 메디치 가문이 미켈란젤로, 브루넬레스키 등 예술가를 후원하여 르네상스 시대를 열었다. 문화적 품격의 전 사회적 제고라는 측면에서 이러한 민간의 자발적 예술 후원이 확산할 수 있는 제도적 장치가 필요하다.

우리나라는 2014년 프랑스에 이어 두 번째로 메세나법이라 할 수 있는 〈문화예술 후원 활성화에 관한 법률〉을 제정했다. 이 법률은 문화예술 후원에 관련된 일을 하는 문화예술 후원 매개 단체 등을 육성하기 위한 인증 제도를 규정하고 있으며, 이들의 활동을 독려할 수 있는 조세 감면, 정부 예산 지원 등의 근거 조항을 적시하고 있다.

지역 간 문화 격차 해소를 위한 법률

우리나라는 서울을 비롯한 수도권 중심으로 경제 발전이 이루어졌기 때문에 수도권과 지방간 격차가 발생할 수밖에 없었고, 이로 인한 사회적 갈등이 높아진 상태다. 문화예술 영역에서도 예술인, 문화 시설, 문화예술 프로그램, 지원 기관 등의 수도권 집중도가 심하여, 시민의 문화적 삶의 향유에서 심각한 차별을 낳고 있다.

2015년 지역 간 문화 격차 해소와 지역의 고유문화 발전, 지역 주민의 삶의 질 향상을 위한 〈지역문화진흥법〉이 제정되었다. 그동안은 예술가들의 예술 활동을 어떻게 질적, 양적으로 고양시킬 것인가에 문화예술 정책을 집중하다 보니, 시민들이 생활 속에서 어떻게 문화예술을 체험하고 즐길 수 있을지에 대해서는 관심과 노력이 부족했다. 〈지역문화진흥법〉은 지역 주민이 문화적 욕구를 충족하기 위해 일상적으로 참여하는 문화적 활동으로서 '생활문화'라는 개념을 제시하고, 이에 대한 국가적 차원의 관심과 지원을 천명했다.

'생활 문화'의 촉진은 아마추어 예술 활동을 국가적 차원에서 장려하겠다는 의지를 담고 있다. 우리나라에 앞서 아마추어 예술 동아리 활동에 대한 지원 등으로 생활 속에서 문화예술을 즐길 수 있는 토대를 마련한 나라로 영국을 들 수 있다. 현재 영국의 아마추어 문화예술 활동은 전체 문화예술 활동의 5분의 1을 차지하고 있으며, 지역사회 발전에도 긍정적 영향을 미치고 있다. 문화 정책이 공급자(예술가) 중심이 아닌 수요자(시민) 중심으로 입안되어야 함을 밝히고 있다는 점에서 이 법의 탄생은 우리 사회의 전진을 보여주는 지표가 된다.

〈지역문화진흥법〉은 지역별로 특색 있는 문화 자원을 효과적으로 활용하여 문화 창조력을 강화시킬 수 있는 방법으로 '문화 도시'를 지정할 수 있도록 하고 있다. 단순히 먹고사는 문제를 해결하고, 재미있는 영화나 공연을 감상하고 감동하는 단계를 넘어 삶의 공간인 도시 자체가 문화적으로 바뀐다면 우리 삶의 질은 더욱 높아질 것이다. 부산에 사는 사람들은 '아시아영상문화중심도시'에, 수원에 사는 사람들은 '수원화성역사문화중심도시'에, 광주에 사는 사람들은 '아시아문화중심도시'에 살아갈 수 있다면, 우리의 삶은 더욱 즐거워지지 않겠는가. 문화예술 활동의 활성화 또는 문화 자원과 문화적 특성의 보존을 위해 '문화지구'도 지정할 수 있다. 공연예술 자원을 보존하기 위한 대학로 문화지구, 전통 자원의 보존을 위한 인사동 문화지구, 헤이리 문화지구 등 생활 속 공간에 문화의 향기를 입혀야 한다.

대한민국은 각 지역별로 전문 문화예술 행정 단체인 문화재단과 지역문화예술위원회를 설립하여 운영하고 있다. 이 단체는 지역 간 문화 격차를 해소하고 지역 문화의 다양성을 추구해 지역 문화의 균형 있는 발전을 꾀하며, 생활 문화가 활성화될 수 있는 여건을 조성하는 것을 목적으로 한다. 현재 이런 지자체 단체가 우선적으로 해야 할 일은 지역 문화의 고유한 원형을 보존하는 일일 것이다.

　대한민국의 문화예술법은 외래문화 유입에 대항하여 전통을 지켜내야 한다는 일종의 의무감이 강조되던 다소 폐쇄적인 시대에, 국가 체제에 정당성을 부여하고 경제성장을 도모하는 수단으로 시작되었다. 하지만 이후 문화 정책의 자율성을 강조하고, 예술 활동에 대한 검열 기구를 폐지하는 방향으로 발전했으며, 지금은 문화권을 시민의 권리로 인정하는 단계로까지 나아갔다.

　문화예술법은 우리 역사 속에서 더 나은 방향을 향해 한 걸음 한 걸음 전진해왔다. 물론 검열의 문제 등 고통과 상실감을 주는 후퇴의 시간도 있었지만, 이를 슬기롭게 극복해왔다. 보다 나은 세상을 만드는 것은 흐르는 시간 위에 펼쳐지는 모든 인간 행위의 목적이다. 정책과 법률은 인간의 존엄성을 지키기 위한 사회적 문제 해결의 수단이다. 인간의 존엄성이 배제된 경우 그 어떤 법도 가치가 없다. 검열의 강을 건너 예술의 자유를 향해 걸어온 문화예술법이 블랙리스트 사건을 극복하고 새롭게 전진하기를 기대한다.

'문화권'은 성별, 종교, 인종, 지역, 세대, 사회적
신분, 경제적 지위나 신체적 조건 등에 관계없이
문화 표현과 활동에서 차별을 받지 아니하고
자유롭게 문화를 창조하고 문화 활동에 참여하며
문화를 향유할 권리이다. 여기에는 평등권, 자유권,
향유권으로서의 특성이 있다.

메피스토는 표현의 자유를 누릴 수 있을까

예술의 자유는 예술가만이 아니라 모든 국민이 누릴 수 있는 것이 자유이다. 예술의 자유를 헌법으로 규정하기 시작한 것은 1919년 독일 바이마르 헌법에서부터로, 우리나라에서는 제3공화국 시절 제5차 개헌 헌법을 통해서 규정되었다. 하지만 예술의 자유에도 법률적으로 정한 한계는 있다.

예술의 자유와 빈번하게 갈등을 빚는 권리로 '인격권'이라는 것이 있다. 역사적으로 예술의 자유와 인격권 사이의 충돌을 보여주는 대표적 사건이 독일의 메피스토−클라우스 만 사건이다. 1936년 독일 작가 클라우스 만Klaus Mann은 소설《메피스토Mephisto》를 암스테르담에서 출간한다.《메피스토》는 독일의 연극인 회프겐이 나치의 선전원으로 전락해가는 모습을 그린 소설이다. 제목의 메피스토는 서양 중세 파우스트 전설에 나오는 악마의 이름으로 괴테의 〈파우스트〉를 통해 잘 알려진 캐릭터이다.

《메피스토》속 회프겐은 연기에 대한 재능과 열정 하나로 함부르크 예술극장에서 입지를 굳힌 인물로, 출세를 위해 사랑하는 여자를 버리고 베를린 극장장의 딸과 결혼한다. 그리고 더 큰 권력을 손에 넣기 위해 프로이센 총리의 내연녀를 유혹해 프로이센 국립극장장 자리에까지 오르며 나치의 선전원으로 전락해간다. 회프겐의 모델이 된 인물은 독일의 유명한 연극배우 구스타프 그륀트겐스Gustaf Gründgens로 한때 클라우스 만의 매형이었던 인물이다. 그륀트겐스는 클라우스 만의 누이와 이혼하고 프로이센 국립극장에서 〈파우스트〉의 메피스토펠레스 역할을 맡아 명성을 얻은 후 나치가 정권을 장악한 1934년에는 베를린 국립극장장에 임명돼 종전까지 출세 가도를 달렸다.

누가 봐도 주인공이 그륀트겐스임을 알 수 있도록 묘사한 소설 《메피스토》는 출간부터 큰 파장을 몰고 왔고 결국 그륀트겐스에 대한 명예훼손 혐의로 독일 내에서 출판이 금지된다. 이후 클라우스 만은 출판 금지로 인한 실망감과 경제적 빈곤으로 여러 차례 자살을 기도한 끝에 수면제 과다 복용으로 생을 마감했다.

클라우스 만과 그륀트겐스 사후,《메피스토》를 재출간하려는 출판업자와 그륀트겐스 유족 사이에 법정 분쟁이 일어났다. 예술의 자유와 작품 속 인물의 일반적 인격권 사이의 충돌에 대해 독일 연방헌법재판소는 어떤 판결을 내렸을까? 1971년 연방헌법재판소의 판결을 보면 예술의 자유에 대한 재판관들의 인식을 잘 알 수 있다.

예술의 본질은 예술가의 인상, 견문, 체험 등을 일정한 형태 언어를 매개로 하여 직접적인 표상으로 나타내는 자유로운 창조적 형성에 있다. 모든 예술 활동은 논리적으로 해명할 수 없는 의식적이고 무의식적인 과정의 혼합이다. 예술적 창조에는 직관, 상상 및 예술적 이해가 공동으로 작용한다. 그것은 무엇보다도 전달이 아니라 표현이며, 더욱이 예술가 인격의 직접적 표현이다.

법원은 하나의 예술작품이 예술 외적 사회 영역에서 주는 영향만을 따로 떼어내 생각할 것이 아니라 예술 고유의 관점을 고려해야 한다고 했다. 하지만 법원은 사자에게도 인격권이 있다고 했다. 인간의 존엄은 생명을 전제로 하지만 죽음과 함께 바로 없어지는 것이 아니다. 인간의 존엄을 존중하고 보호해야 할 국가의 의무는 한 인간이 죽은 후에도 여전히 남는다고 본 것이다. 결론적으로 독일 연방헌법재판소는 클라우스 만의 예술의 자유, 출판업자의 출판의 자유도 존중되어야 하지만 죽은 사람의 인격권을 보호하기 위해서 책의 출판을 금지하는 것이 합당하다고 판단했다.

《즐거운 사라》와 음란의 정의

우리 헌법은 표현의 자유와 예술의 자유를 인정한다. 헌법 제21조

1항은 "모든 국민은 언론·출판의 자유와 집회·결사의 자유를 가진다"고 하고, 헌법 제22조 1항은 "모든 국민은 학문과 예술의 자유를 가진다"고 한다. 그러나 표현의 자유, 예술의 자유도 제한될 때가 있다. 헌법 제21조 4항은 "타인의 명예나 권리 또는 공중도덕이나 사회윤리를 침해해서는 안 된다"고 예술이 가지는 자유의 한계를 명시하고 있다. 헌법 제37조 2항에서도 국가안전보장, 질서유지, 공공복리 등의 사유로 법률로써 예술의 자유를 제한할 수 있다고 했다. 이 헌법 조항들은 우리 형법이 음화 반포(제243조), 음화 제조(제244조), 공연 음란(제245조) 등을 처벌할 수 있는 근거가 된다.

예술의 자유가 제한되는 대표적 경우는 예술이 음란성을 띨 때이다. 그런데 음란성의 기준이라는 것이 명확하지 않아 사회적 논란을 불러일으킬 때가 많다. 우리 사회에서 예술의 자유와 음란성 여부가 충돌하여 큰 논란이 된 대표적 사건으로 마광수 교수의 《즐거운 사라》 사건이 있다. 우리 대법원은 1995년 변태적 성행위를 묘사한 소설 《즐거운 사라》가 음란 문서에 해당한다고 판결했다. 문학작품의 표현의 자유에 대한 최대한의 보장이라는 명제와 개방되고 있는 성문화, 성 논의 해방이라는 주제를 고려하더라도 《즐거운 사라》는 형법 제243조, 제244조에서 말하는 음란한 문서에 해당한다는 것이었다. 당시 마광수 교수는 음란의 개념은 시대의 보편적 정서와 가치를 반영하고 문학은 허구의 세계를 다룬다며, 예술의 자유와 언론의 자유를 국민의 기본권으로 인정함을 고려할 때 음란의 개념 적용은 최소화해야 한다는 논리를 내세웠다.

이 사건의 쟁점은 음란의 개념을 어떻게 정의하느냐에 있었다. 보통 음란이라 함은 그 시대의 건전한 사회 통념에 비추어 공연히 성욕을 흥분 또는 자극시키고 보통 사람의 성적 수치심을 해하는 것으로 건전한 성풍속이나 선량한 성적 도의 관념에 반하는 것을 말한다. 음란함에 대한 판단도 건전한 사회 통념에 따른 지배적인 성 문화관에 의해 이루어진다. 하지만 문학작품은 일부만을 떼어내서 논할 수 없고 전체적인 내용의 흐름에 비추어 판단해야 한다.

《즐거운 사라》의 주인공은 미대생 사라이다. 그녀는 자유분방하고 괴벽스럽다. 책 속에는 그녀가 다양한 대상과 다양한 방법으로 행하는 섹스 행위가 묘사되어 있다. 그것이 독자의 호색적 흥미를 자극할 뿐 문예성, 예술성, 사상성 등에 의한 성적 자극 완화 정도는 별로 없다는 것이 법원의 판단이었다. 《즐거운 사라》와 같은 논란이 지금 발생한다면 우리 법원의 판단은 어떠할까? 우리 사회의 성 문화가 지속적으로 변화해와서 '건전한 사회 통념에 따른 지배적인 성 문화관'이 그 시절과 다를 수밖에 없으니 지금이라면 《즐거운 사라》가 무죄일 수도 있을 것이다.

예술가의 사회적 발언

예술은 자유로운 인격의 창조적 발현으로서 기존의 가치와 통념에 대한 처절한 부정을 통해 탄생한다. 주류에 대한 체질적 거부감은 예술가의 타고난 DNA로 예술가의 사회 비판적 성향은 필연적이라고 할 수 있다. 그리고 바로 이 때문에 예술가는 권력과 주류 세력의 탄압 대상이 되곤 한다. 우리 현대사에서 예술의 사회비판성을 둘러싼 싸움을 가장 잘 보여주는 작품이 1987년 민중미술 화가 신학철의 〈모내기〉이다.

〈모내기〉는 130.3cm×160.2cm 크기의 캔버스에 유화물감을 이용하여 그린 그림으로 통일에 대한 염원이 담겨 있는 작품이다. 그림 하단에는 철조망, 미사일, 탱크, 코카콜라, 깔린 논을 쟁기로 밀고 모내기를 하는 농부가 있고, 그 위로는 백두산과 남녀노소 여럿이 둘러앉아 음식을 나누는 모습이 펼쳐져 있다. 1987년 당시 이 작품은 인사동의 '그림마당 민'에서 열린 전시회에 출품되었다. 검찰은 그림의 상반부에 그려진 백두산과 인물들의 평화로운 풍경이 북한을 찬양한 것으로서 당시 유행하던 민족 해방 민중 민주주의 혁명론NLPDR을 그림으로 구현한 것이라고 판단해 〈국가보안법〉 위반 혐의로 작품을 압수하고 작가를 구속했다. 1999년 신학철은 대법원에서 징역 10월, 선고유예 2년 형의 유죄판결을 받았다. 〈모내기〉는 이적표현물 딱지가 붙은 채 1999년부터 검찰청 보관 창고에 갇혀 있었다.

그동안 작가와 문화예술계는 정부에 작품 반환을 지속적으로 요구했다. 2004년 유엔 인권이사회도 한국 정부가 〈시민적, 정치적 권리에 관한 국제규약(B규약)〉 제19조를 위반했다며 〈모내기〉를 작가에게 반환하라고 권고했다. 〈B규약〉 제19조는 '간섭받지 아니하고 의견을 가질 권리'와 '표현의 자유에 대한 권리'에 관한 규정으로서, 예술을 통해 모든 종류의 정보와 사상을 추구하고 접수하며 전달하는 자유를 보장한다. 그러나 법무부는 "현행법상 몰수 처리된 물건을 반환할 방법이 없다"며 작품 반환을 거부했다.

러시아 작가 안톤 체호프Anton Chekhov는 자신이 예술가로서 신봉하는 강령을 밝힌 바 있다. 그는 "나는 자유주의자도, 보수주의자도, 점진주의자도, 성직자도, 무신론자도 아니다. 나는 그저 자유로운 예술가이고자 한다"며, 예술에 그 어떤 레테르를 붙이는 것을 거부했다. 그리고 "내게 신성한 것은 모든 형태의 거짓과 폭력으로부터의 자유, 진실에 대한 아주 절대적 자유이다. 이것이 내가 위대한 예술가라면 가지고 있다고 할 수 있는 강령"이라고 했다.

체호프는 예술가에게 어떤 상호나 레테르를 붙이는 것을 편견이라고 보았다. 혹여 신학철의 〈모내기〉가 민족 해방 민중 민주주의 혁명론에 입각하여 그려졌다는 판단이 그 시대가 낳은 사회적 편견인 것은 아닐까? 무릉도원 같은 복사꽃 핀 시골 마을을 그린 신학철의 상상력이 불온한 것일까, 재판 도중 '그림 속 초가집이 김일성 생가를 그린 것 아니냐'는 검사의 질문이 불온한 것일까?

2016년 광화문광장에서 촛불이 밝혀지고 2017년 새로운 정부가 출범했다. 그리고 2018년 1월 신학철의 〈모내기〉가 29년 만에 검찰 창고를 나와 보존 여건이 나은 국립현대미술관 수장고로 이관되었다. 그러나 법적 몰수 상태인 〈모내기〉는 여전히 전시가 불가능한 상태다.

〈모내기〉는 '예술과 정치의 올바른 관계'에 대한 생각거리를 준다. 우리 사회에는 오래전부터 '예술은 정치적이지 않아야 하고 순수해야 한다'는 근본주의적 생각이 깊게 뿌리내려 있다. 반면 서양에서는 예술가의 사회적 발언이 하나의 전통으로 자리 잡고 있다. 1937년 독일 나치 공군이 폭격기로 스페인 바스크 지방의 게르니카Guernica를 공격했다. 이 폭격으로 무고한 주민 1,695명이 사망했다. 당시 이 사건을 주제로 스페인 공화국 정부가 파블로 피카소에게 의뢰해 그린 그림이 그 유명한 〈게르니카〉다.

우리가 21세기 회화의 기념비적 작품이라고 평가하는 〈게르니카〉는 당시 파시스트에 대한 저항 정신으로 그려진 예술가의 사회적 발언이었다. 피카소는 "스페인 전쟁은 국민과 자유를 압살하려는 반동과의 전쟁이며 예술가로서 나의 생애는 오직 반동에 저항하고 예술의 죽음에 맞선 싸움에서 의미를 찾을 수 있을 뿐"이라고 했다. 피카소는 1944년 인간과 세계에 대한 이해를 좀 더 심도 있게 하려는 차원에서 공산당에 입당했고, 기자들 앞에서 당당히 "어딘가에 얽매인다는 두려움보다 스스로 더 큰 자유와 충만함을 느낀다"고 고백했다.

예술은 단순히 대중의 즐거움이나 기분 전환을 위해 존재하는 것이 아니다. 예술은 한 예술가가 세계와 인간에 대한 이해를 넓히려는 부단한 노력의 과정에서 얻은 결실이기도 하다. 부산 달맞이 고개에 위치한 '김성종 추리문학관'에서 추리소설 작가 김성종 선생을 만난 적이 있다. 선생은 한국 문단의 엄숙한 순수주의를 준

열하게 질타했다. 한국전쟁 당시 부산까지 밀려온 작가들이 술 한 잔에 고민을 털어버리고 누구 하나 민족이 겪는 고통의 현장 속으로 뛰어들어가 그 상황을 기록하지 않았다는 것이다. 히틀러의 독재가 전 세계를 강탈할 때, 찰리 채플린은 히틀러를 정면에서 비웃은 영화 〈위대한 독재자〉(1940)를 만들고 자본주의의 폐해를 풍자한 〈모던 타임즈〉(1936)를 제작했다. 그리고 그 때문에 공산주의자로 낙인 찍혀 1950년대 불어닥친 매카시즘의 광풍 속에서 고초를 겪어야 했다.

　예술은 정치를 포함한 현실과 밀접하게 연관되어 있다. 예술가 또한 시민으로서 정치적 의사를 표하거나 활동할 자유와 권리가 있다. 예술가이기에 더욱 격하게 현실에 반응하고 참여하는 것이다. 사회적 임무를 자각하고 정치성을 견지할 때, 예술은 모든 인간의 존엄과 가치를 존중하고 인류의 자유와 평등, 평화와 복지를 위해 존재하게 될 것이다.

검열의 강을
건너온 역사

문학, 미술, 영화, 음악은 예술가의 미의식을 담은 예술작품인 동시에 개인의 의사를 표현하는 수단이다. 따라서 예술작품이 의사 표현의 매개체가 될 때 예술의 자유와 언론·출판의 자유를 보장하는 헌법 조항에 의해 이중의 보호를 받게 된다. 예술작품의 발표를 사전에 심의하는 검열이 문제가 되는 것은 이 때문이다.

검열은 행정권이 주체가 되어 개인의 사상이나 의견 등이 대중에게 발표되기 전에 예방적 조치로서 그 내용을 심사, 선별하여 허가받지 않은 것의 발표를 금지하는 제도이다. 검열 여부를 판단하는 요소는 세 가지다. 첫째, 허가를 받기 위해 표현물을 제출하도록 의무를 부여하고 있어야 한다. 둘째, 행정권이 주체가 된 사전 심사 절차가 있어야 한다. 셋째, 허가를 받지 않은 경우 의사 표현을 금지하거나 심사 절차를 관철할 수 있는 강제 수단이 있어야 한다. 이 세 가지 요건을 충족하면 검열에 해당하는 것으로 보고 법적으로 불허한다. 검열 여부를 둘러싼 법적 분쟁들은 다투어지는 사안이 이 세 가지 요소를 충족하느냐를 놓고 공방이 이루어지게 마련이다.

우리 헌법은 검열에 단호히 반대한다. 헌법 제21조 2항은 "언론·출판에 대한 허가나 검열과 집회·결사에 대한 허가는 인정되지 아니한다"고 한다. 미국의 수정헌법 또한 제1조에서 "연방의회는 언론과 출판의 자유를 제한하는 법률을 제정할 수 없다"는 강력한 조항을 두고 있다. 대다수 국가들이 검열을 인정하지 않는 이유는 그것이 '민주주의' 원리에 절대적으로 반하기 때문이다. 검열은 국민의 예술 활동의 독창성과 창의성을 침해해 정신생활에 미치는 위험이 크다. 또한 행정기관이 집권자에게 불리한 내용의 표현을 사전에 억제하여 관제 의견이나 지배자에게 무해한 여론만이 허용되는 결과를 초래할 수 있다. 결과적으로 검열은 국민의 다양한 의견 표출을 움츠러들게 하여 여론 형성을 방해함으로써 민주주의를 퇴행시킨다.

민주주의는 사회 구성원 한 사람 한 사람이 갖고 있는 의견을 말할 권리를 보장한다. 민주주의가 작동하는 시민사회는 자정 능력이 있다. 다양한 의견과 사상이 경쟁하는 메커니즘을 통해 인간의 존엄을 해치고 사회적 해악을 끼치는 표현이나 예술은 스스로 도태된다. 그러나 모든 표현의 자유, 예술의 자유가 인정되는 것은 아니다. 우리 헌법은 국가안전보장, 질서유지, 공공복리에 필요할 때 법률로써 기본권을 제한할 수 있다고 규정하고 있다. 또 그 내용이 시민사회 내부 사상의 경쟁 메커니즘을 통해서 해소될 수 없는 사회적 해악을 낳는 경우 국가가 개입할 수 있다.

검열을 인정하지 않는다고 하여 모든 형태의 사전 규제를 금지하는 것은 아니다. 헌법재판소 판례를 봐도 그렇다. 작품에 대한 발표 이후 청소년 등이 이를 보는 것이 부적절한 경우 유통 단계에서 효과적으로 관리할 수 있도록 미리 등급을 심사하는 것은 검열에 해당하지 않는다. 의사 표현을 발표하느냐의 여부가 행정권의 허가에 달려 있는 사전심사일 때에만 검열에 해당한다.

영화에 대한 검열

1962년 영화산업에 대한 우리나라 최초의 본격적인 법령인 〈영화법〉이 공포되었다. 명분은 영화산업의 근대화였으나 법령에는 영화에 대한 엄격한 통제 장치가 내재되어 있었다. 법령에 따르면 제작자는 영화를 제작하기 전 미리 공보부 장관에게 신고하여 영화 시나리오에 대한 사전심의를 받아야 했다. 또한 영화가 완성된 후에도 상연 전 반드시 검열을 통해 공보부 장관의 허가를 받도록 되어 있었다.

1980년대를 지나면서 영화에 대한 규제는 점차 완화되었다. 1984년 〈영화법〉이 개정되면서 검열제도는 '공연윤리위원회(공윤)'에 의한 사전심의제로 바뀐다. 정부에 의한 영화 검열제도가 공식적으로 폐지된 것이다. 그러나 안기부, 국방부, 내무부, 문화공보부 관련 공무원들이 참석한 공연윤리위원회 심의는 사실상 검열과 다름없었다. 게다가 당시 〈영화법〉에서는 공연윤리위원회가 영화의 상영에 앞서 그 내용을 심사하여 심의 기준에 적합하지 않은 영화의 경우 상영을 금지할 수 있는 규정도 있었다.

1989년 영화제작자 장산곶매와 예술극장 한마당이 광주항쟁을 다룬 〈오! 꿈의 나라〉를 공연윤리위원회 심의를 받지 않고 극장에서 상영했다. 제작자(대표 홍기선)와 극장주(대표 유인택)는 〈영화법〉 제12조 위반으로 기소되어 유죄판결을 받았다. 하지만 이들은 〈영화법〉 제12조에 대한 위헌제청신청을 냈고 재판부가 이를 기각하자 헌법재판소에 국민의 기본권이 침해되었다는 이유로 헌법소원을 청구했다. 1992년 장산곶매 강헌 대표는 전교조를 다룬 영화 〈닫힌 교문을 열며〉 역시 사전심의 없이 상영해 불구속되었으며 재판부에 〈영화법〉 제12조에 대한 위헌제청 신청을 냈다. 담당 재판부는 이를 받아들여 헌법재판소에 법률이 헌법에 합치하는지를 판단해달라는 위헌법률심판을 제청했다.

그로부터 4년 뒤인 1996년 검열에 대한 기념비적인 판결이 나왔다. 헌법재판소는 공연윤리위원회의 사전심의제는 예술 활동의 독자성과 창의성을 침해하여 예술 및 언론·출판의 자유를 포함한 표현의 자유의 본질적 내용을 침해할 우려가 있어, 헌법 제22조 1항과 기본권 제한의 한계를 정한 헌법 제37조 2항에 위반될 소지가 있다고 판결했다.

공연윤리위원회는 문화체육관광부 소속이 아닌 별도의 독립적 위원회로 위원회에 소속된 위원들은 공무원이 아니고 민간인으로 구성되었다. 영화감독, 평론가, 신문사 논설위원, 대학교수 등 민간인으로 구성된 위원회가 과연 행정권에 해당하는가가 문제가 되었는데, 법원은 행정부가 그 구성원의 선임과 운영에 지속적인 영향을 미칠 수 있도록 되어 있기 때문에 검열기관으로 봐야 한다고 판단한 것이다. 당시 공연윤리위원회 위원장은 문화체육관광부 장관이 위촉하고 위원장과 부위원장의 선출은 장관의 승인을 받도록 되어 있었으며 위원장은 심의 결과를 장관에게 보고해야 했다. 또한 정부의 재정적 지원도 받을 수 있게 되어 있었다.

헌법재판소의 이 위헌 결정에 따라 1997년 〈영화진흥법〉 개정이 이루어지고, 공연윤리위원회 대신 자율성과 독립성이 강화된 '한국공연예술진흥협의회'가 설치되었다. 이때 사전심의제는 없어졌지만 그 대안으로 영화 내용에 따라 관람 허용 연령을 제한하는 '등급심의제'가 신설된다. 헌법재판소가 결정문에서 "영화의 상영으로 인한 실정법 위반의 가능성을 사전에 막고, 청소년 등에 대한 상영이 부적절한 경우 이를 유통 단계에서 효과적으로 관리할 수 있도록 미리 등급을 심사하는 것은 사전 검열이 아니다"라고 했기 때문이다.

그런데 1999년 헌법재판소가 〈음반 및 비디오물에 관한 법률〉 관련 위헌심판청구에 대해 '한국공연예술진흥협의회'도 검열로 보는 것이 타당하다는 의견을 내면서 협의회는 다시 '영상물등급위원회'로 바뀐다. 위원장과 부위원장은 승인만 거치면 되도록 했고, 심의 결과를 문화관광부 장관에게 보고하도록 되어 있는 의무도 삭제했으며 행정부 공무원이 위원으로 위촉될 수 없게 했다.

그런데 2001년 헌법재판소는 또 다시 영상물등급위원회도 사전 검열 기구로서 위헌이라는 판결을 내린다. 영상물등급위원회의 위원을 대통령이 위촉하고 운영 경비를 국가 예산으로 지원할 수 있는 등 행정기관이 위원회의 구성에 지속적인 영향을 미치므로 검열 기관에 해당한다는 판단을 내린 것이다. 당시에는 '등급분류 보류제도'가 운영되고 있었다. 영화 상영 전 관람 등급을 분류하고 등급을 분류받지 못하면 영화 상영 금지, 상영 시 과태료 부과, 문광부 장관의 상영금지 및 정지명령, 명령 위반 시 형벌이 있었다. 2001년 이 사전 등급분류 보류제도가 제출 의무, 행정권 사전심사 절차(실질), 강제 수단이 있으므로 검열이라는 판결이 난 것이다.

대중음악에 대한 검열

대중음악 분야에서도 검열에 대한 저항이 있었다. 1990년대 당시 〈음반 및 비디오에 관한 법률(음비법)〉은 음반을 판매하거나 배포, 대여할 목적으로 제작하고자 할 때 공연윤리위원회의 심의를 받도록 되어 있었고 심의 없이 음반을 판매할 경우 형사처벌을 받을 수 있었다. 대중가요는 사회 전반에 폭넓게 확산되어 국민 정서에 큰 영향력을 미치므로 우리 전통 고유의 미풍양속과 도덕적 규범을 해치지 않는 최소한의 규제가 필요하다는 논리였다.

1993년 정태춘은 공연윤리위원회의 사전심의를 받지 않고 〈92년 장마, 종로에서〉라는 음반을 제작 배포했고 문화체육관광부는 이를 고발 조치했다. 정태춘은 음반 사전심의제는 헌법 위반이라는 주장을 펼쳤다. 그리고 헌법재판소는 1996년 영화 사전심의에 대한 위헌 판결에 이어 음반 사전심의에 대해서도 동일한 이유로 위헌 결정을 선고했다. 당시 재판부는 검열을 수단으로 한 제한은 법률로도 안 되며, 음반에 대한 공연윤리위원회의 심의는 검열이라고 명시했다.(1996. 10.31, 94헌가6 전원재판부)

음반의 제작과 판매도 언론·출판의 자유로 헌법상 보호되어야 한다. 미풍양속 저해와 사회질서 문란, 저속한 언어 사용 등의 심의 기준은 '모호하기 때문에 무효'이다. 음반은 학문적 연구 결과를 발표하는 수단이 되기도 하고 예술 표현의 수단이 되기도 하므로 그 제작 및 판매 배포는 학문·예술의 자유를 규정하고 있는 헌법 제22조 1항과 언론·출판의 자유를 규정하는 헌법 제21조 1항에 의해 중첩적으로 보장받는다.

그러나 청소년 등에게 부적절한 내용을 담은 음반에 대해서 청소년에게 판매할 수 없도록 미리 등급을 심사하는 '등급 심사제도'는 사전 검열에 해당하지 않는다고 했다. 현재 〈음악산업진흥에 관한 법률〉 제17조는 음악 영상물과 음악 영상 파일을 제작 또는 배급(수입을 포함한다)하는 자는 당해 음악 영상물과 음악 영상 파일을 공급하기 전에 그 내용에 관하여 〈영화 및 비디오물의 진흥에 관한 법률〉에 있는 영상물등급위원회로부터 등급 분류를 받도록 되어 있다.

우리는 어두운 검열의 시대를 지나왔다. 검열은 일제강점기에 통치 수단의 하나로 도입되었으며, 남북 분단과 6·25 전쟁 이후 반공 이데올로기가 사회 전반에 확산되면서 이를 실질적으로 작동하는 기제로 활용되었다. 그러나 90년대 중반 이후 이러한 문제를 각성한 문화예술인들의 싸움과 헌법재판소의 판결로 규제가 철폐되어 자율화된 문화예술 사회로 진입해왔다. 예술인들의 지속적인 저항이 우리 사회의 예술 표현의 자유를 넓혀온 것이다.

검열은 국민의 예술 활동의 독창성과 창의성을
침해해 정신생활에 미치는 위험이 크다. 또한
행정기관이 집권자에게 불리한 내용의 표현을
사전에 억제하여 관제 의견이나 지배자에게
무해한 여론만이 허용되는 결과를 초래할 수 있다.
결과적으로 검열은 국민의 다양한 의견 표출을
움츠러들게 하여 여론 형성을 방해함으로써
민주주의를 퇴행시킨다.

스크린쿼터를
지켜라

1995년 7년여의 우루과이라운드 협상의 결과로 세계무역기구 WTO가 등장했다. WTO는 '그단스크 관세 및 무역에 관한 일반 협정GATT' 체제를 대신해서 자유무역의 선봉장이 되었다. WTO가 신봉하는 자유무역주의를 떠받치는 두 개의 원칙이 있다. '최혜국대우most favored nation'와 '내국민대우national treatment의 원칙'이다. 최혜국대우 원칙은 '모든 교역 상대국을 공평하게 대우해야 하며 회원국간 차별적 대우를 금지한다'는 것이고 내국민대우 원칙은 '자국 시장에서 외국인과 내국인을 동등하게 대우해야 한다'는 것이다. 문화상품과 문화서비스가 교역의 대상이 된다면 이 원칙을 준수해야 한다.

이탈리아 무역 장관 출신으로 WTO 초대 사무총장인 레나토 루지에로Renato Ruggiero는 국경 없는 경제의 가능성을 열어야 한다고 주장했다. 그것이 국가와 지역 간의 관계를 균등하게 할 거라 믿었기 때문이다. 하지만 그런 그도 문화의 교역 가능성에 대해서는 조심스러운 태도를 취했다. 그는 "전 세계적으로 경제와 사람과 문명이 통합되는 오늘날의 세계에 대처하고, 자국의 고유한 정체성과 문화를 보존하는 것은 우리 시대의 위대한 도전이자 약속"이라며 각국의 정체성과 문화를 보존하는 일의 중요성을 인정했다.

영화, 음반, 방송 서비스도 국제적 교역의 대상이 될까? 이러한 것들을 무역 용어로는 '시청각서비스audio-visual services'라고 부른다. WTO 출범 이후 무역자유화가 세계적 흐름으로 정착되고 있는데, 문화 또한 그 흐름에 동참해야 할까? 만약 그렇다면 미국의 문화상품이나 문화서비스도 우리 문화상품이나 문화서비스와 동일하게 취급해야 하며, 우리 문화상품과 서비스를 특별하게 대우할 수 없게 된다.

문화는 교역의 대상이 될 수 없다

문화의 영역에서 자유무역주의의 적용에 대해서는 세계 각국의 의견이 갈린다. 예외 없는 무역자유화를 부르짖는 대표적인 나라가 미국이다. 문화상품과 서비스도 산업 논리가 적용되므로 예외적으로 취급해야 할 이유가 없다는 입장이다. 그러나 프랑스 같은 나라에서는 문화상품, 서비스의 특수한 성격을 주장하며 무역자유화의 예외로서 인정해야 한다고 주장한다. 문화는 한 사회, 한 국가의 고유한 생각과 경험, 언어가 투영되어 구성원들의 정체성을 동질적으로 묶어준다. 그런데 문화의 자유 거래가 인정되면 강한 문화 중심의 획일화된 세계가 만들어질 수밖에 없고, 강한 문화에 잠식당한 국가는 정체성을 상실할 수 있다는 것이다. 고로 문화는 교류exchange의 대상일 수 있으나 교역trade의 대상일 수 없다는 것이 프랑스의 입장이었다.

　WTO 출범 초기 이 문제가 논란이 되었다. 미국은 시청각서비스 또한 무역협상 안에 포함시켜야 한다고 주장했고 프랑스를 포함한 유럽연합EU은 이를 예외로 해야 한다고 주장했다. 캐나다 또한 미국과 북미자유협정NAFTA을 맺을 때 미국 대중문화 유입으로 인한 자국 문화의 정체성 상실을 염려하여, 출판, 영화, 음악, 방송 등 문화 분야를 협정 적용 대상에서 제외했다.

　문화는 정신적 가치를 담고 있어 자유시장이라는 경제적 논리로 접근해서는 안 된다는 주장이 하나의 담론으로 만들어진 것이 '문화적 예외cultural exception'이다. 우루과이라운드 협상 시 미국은 예외 없는 개방을 내세웠고, 프랑스는 문화적 예외를 내세웠다. 프랑스가 정교하게 문화적 예외론을 전개한 데는 미국 문화산업의 막강한 경쟁력에 대한 우려가 있었기 때문이다. 프랑스는 자국의 영화시장이 미국의 영화시장에 잠식될 수 있다는 데 대한 두려움이 컸다.

　1980년대 중반부터 미국 영화가 유럽 시장을 잠식하는 속도는 무서울 정도였다. 1990년대에는 미국 영화 점유율이 유럽 영화 시장의 70%를 차지했다. 당시 〈라이언 킹〉, 〈포레스트 검프〉, 〈쇼생크 탈출〉 등의 미국 영화가 유럽을 휩쓸고 있었다. 반면 유럽 국가들의 자국 영화 점유율은 평균 15%에 불과했다.

프랑스는 위기감을 느꼈다. 1993년 GATT 회의에서 프랑수아 미테랑 대통령은 "영혼의 창조물들은 단순한 상품이 아니고 문화의 요소들은 순수한 사업이 아니다. 예술작품의 다원주의와 공중이 선택하는 자유를 수호하는 것은 의무"라고 호소했다. 미테랑은 문화를 상품과 동일하게 취급하는 것은 자신을 표현하는 방법을 포기한 노예화된 사회로 가는 지름길이라고 주장하며 문화에 불어닥친 세계화의 거센 바람을 막아섰다. 미테랑은 모든 민족은 자신들의 고유한 문화에 대한 권리를 가지고 있으며 고유의 이미지를 창조하고 선택하기 위한 자유를 갖는다고 했다. 결국 문화를 상품으로 대하는 태도, 문화의 자유화를 주장하며 국경을 없애려는 흐름은 일국의 문화적 정체성을 위협한다고 외쳤다.

'문화적 예외'는 '문화다양성' 논의로 이어졌다. 문화다양성은 각국이 자신의 문화 정체성을 보존, 발전시켜 다양한 문화 정체성이 공존할 수 있도록 하는 것이 인류가 건강하게 발전하는 길이라는 믿음에 기반하고 있다. 문화다양성은 자유무역 시대 미국 등 강력한 국가의 문화산업, 엔터테인먼트산업의 위력으로부터 자국의 문화산업을 보호하고 육성할 수 있는 근거로 기능했다.

2001년 유네스코 총회에서 자크 시라크Jacques Chirac 프랑스 대통령은 "세계화의 압박에 대한 대응책은 문화적 다양성이다. 이것은 각 국민에게는 세계에 내어놓을 고유한 메시지가 있어 인류를 풍요롭게 할 수 있다는 확신에 근거를 두고 있다"고 선언한다. 2001년 〈유네스코 다양성 선언〉이 탄생하고, 2005년 유네스코의 역사적인 〈문화적 표현의 다양성 보호와 증진에 관한 협약〉이 체결된다.

문화다양성 협약으로 일컬어지는 이 협약은 일반상품과 구별되는 문화상품과 서비스의 독특한 성격을 국제법적으로 인정했다는 데 그 의의가 있다. 문화 분야 통상에서 새로운 역사를 개척한 것이다. 그 전까지 문화상품과 서비스는 일반상품과 동일한 기준에서 다루어져 심각한 독점과 문화 획일화의 위기를 몰고왔다. 문화다양성 협약은 일반상품과 구별되는 문화상품의 독특한 특성, 즉 각 공동체의 정체성을 담고 있는 창작물이라는 특성을 국제법으로 확인하고 있다. 문화를 시장의 논리가 아닌 문화의 논리로 해결할 수 있는 근거가 마련된 것이다.

자유무역주의의 예외적 제도

영화산업에서 자유무역주의가 인정하는 유일한 예외적 조치가 바로 스크린쿼터제도(국산영화의무상영제)이다. 이는 일정한 기간 동안 자국 영화를 상영할 수 있도록 외국 영화 상영을 제한하는 제도이다. GATT에서도 제4조에 영화에 관한 특별 규정을 두어

스크린쿼터라는 내국민대우 원칙의 예외를 유지함으로써 물량 규제를 신설하거나 유도하는 것이 가능하도록 되어 있다. 각 나라마다 영화산업이 전체 문화산업에서 갖는 규모와 영향력이 크다 보니, 국제 무역 질서도 영화가 갖는 특수한 지위를 용인할 수밖에 없었던 것이다.

스크린쿼터제도는 제1차 세계대전 후 미국이 세계 영화시장에서 급부상하면서 이에 대한 자구책으로 유럽 각국에서 도입되었다. 스크린쿼터제를 최초로 도입한 나라는 영국이다. 1927년 영국은 영화헌장Cinematograph Films Act을 제정하고 영국 내 모든 극장은 국산 영화를 연간 무조건 80% 이상 상영해야 한다고 규정했다. 프랑스 또한 연간 140일 동안 자국 영화를 의무 상영토록 했다. 영국과 프랑스의 스크린쿼터제는 1960년대 이후 폐지되었고 현재는 일부 국가에서만 이 제도를 운영하고 있다.

우리나라는 1966년 90일 이상 국내 영화를 의무 상영토록 하는 스크린쿼터제를 도입했다. 그 후 1973년에서 1983년까지는 121일, 1985년부터는 146일, 현재는 73일 이상으로 시장 환경을 반영하여 의무 상영 일수는 변화해왔다. 우리 산업이 WTO 등 국제 통상 질서 속으로 편입되어가는 과정에서 영화산업 또한 탈규제와 자유 시장주의를 수용해야 했다. 막강한 자본력과 기술력을 가진 할리우드 영화가 물밀 듯이 들어왔다. 이런 어려운 상황에서 한국 영화가 고사하지 않고 살아남을 수 있었던 데는 스크린쿼터제의 역할이 컸다. 현재 〈영화진흥법〉 제28조에서는 "영화 상영관 경영자는 연

간 대통령령이 정하는 일수 이상 한국 영화를 상영하여야 한다"고
규정하고 있으며, 시행령에서 "영화 상영관의 경영자는 매년 1월 1
일부터 12월 31일까지 연간 상영 일수의 5분의 2 이상 한국 영화를
상영하여야 한다"고 규정하고 있다.

경제적 가치보다 중요한 문화적 가치

스크린쿼터제도는 종종 사회적 이슈가 되었다. 김대중 정부 시절
한국과 미국의 투자협정BIT, Bilateral Investment Treat 체결이 논의되던
때였다. 당시 우리나라는 IMF의 관리를 받던 시기로 미국의 도움
으로 국제 신인도를 제고해야 할 시점이었다. 우리 정부는 미국에
투자협정을 요청했다. 그런데 미국에서 투자협정의 조건으로 스크
린쿼터제 철폐를 요구해왔다. 우리나라는 1998년 한미 정상회담에
서 '문화적 예외'를 인정한다는 전제하에 146일로 되어 있던 국산
영화 상영 일수를 92일로 줄이겠다는 협상안을 제시했으나 미국
은 단계적 폐지안을 고수했다. 당시는 외부 세계의 도전과 충격에
우리 영화 산업의 존폐 위기까지 거론되던 시기여서 스크린쿼터로
우리 영화시장을 보호해야 할 필요성이 요구되던 상황이었다. 많
은 영화인들이 한국 영화를 한미 투자협정의 흥정물로 삼는 것은
우리의 문화주권을 포기하는 것이라며 거세게 항의했다. 국내의
반발 여론에 밀려 결국 스크린쿼터 폐지는 없었던 일이 되었다.

하지만 이후에도 스크린쿼터제도를 둘러싼 법정 분쟁은 끊이지 않았다. 주로 스크린쿼터제를 위반했다는 이유로 당국으로부터 영업 정지 처분을 당한 극장주들이 소송을 제기한 것이었다. 이러한 소송은 스크린쿼터제도 자체의 문제를 다투었다기보다 영업 정지 일수가 위반의 정도에 비해 가혹한지 등 행정처분의 재량권 일탈을 문제 삼는 경우가 대부분이었다.

그런데 1995년 스크린쿼터제도가 국민의 기본권을 침해한다는 주장이 헌법재판소의 헌법소원심판에서 다투어졌다. 이 심판을 청구한 극장주들은 극장주에게 자국 영화 의무 상영 일수 등 제한을 부여하는 것은 극장주의 직업의 자유와 평등권을 침해하고, 국민들이 스스로 좋아하는 영화를 선택해 관람할 수 있는 행복추구권을 박탈한다고 주장했다. 그러나 헌법재판소는 스크린쿼터제를 규정한 당시 〈영화법〉과 그 하위 법령이 '국민의 권리를 침해하지 않는다'고 합헌을 선언했다.

헌법재판소는 스크린쿼터제가 폐지되면 외국 영화가 영화시장을 독점해 우리 영화의 존립이 어려워진다는 점에 주목했다. 따라서 일부 직업의 자유, 평등권을 제한하는 것이 과잉 금지 원칙에 반하지는 않는다고 했다. 직업의 자유와 평등권도 침해되지 않으며, 공연장 경영자의 행복추구권도 침해되지 않는다고 본 것이다. 이렇게 스크린쿼터제는 헌법 재판에서도 그 존재 가치를 인정받게 되었다.

이러한 노력이 제도적 기반이 되어 한국 영화는 외국 시장으로부터의 개방 압력을 이겨내는 수준이 되었다. 한국의 영화시장 규모는 미국, 일본, 영국, 프랑스, 중국, 독일, 호주에 이어 세계 8위로 성장했다. 한국영화진흥위원회의 '2017년 한국영화산업 결산' 발표에 따르면 2017년 국내 영화시장에서 한국 영화 점유율은 52%에 이른다. 프랑스 35%, 이탈리아 26%, 영국 26%에 비하면 성적이 꽤 괜찮은 편이다. 글로벌 시장조사 기관인 IHS마킷에 따르면, 2017년 한국의 1인당 연평균 극장 관람 횟수는 4.3회로 아이슬란드와 함께 세계 1위이다.

그러나 한국은 국제 교역 질서에 적극적으로 참여했고, 해외 시장으로 상품, 서비스를 수출하며 성장해온 대표적 나라다. 우리 나라의 문화상품과 서비스가 아시아 시장에서 인기를 구가하기도 했다. 앞으로는 통상에 있어 폐쇄적 관점에서 문화 부분만의 예외를 주장하기 더 어려워질 것이다.

문화적 정체성의 보존과 발전은 우리 헌법 제9조의 구현을 위해 반드시 필요하다. 경제적 가치보다 중요한 문화적 가치가 있으며 자유로운 무역주의가 늘 정답인 것은 아니다. 물론 우리 영화도 체질을 강화해 수준 높은 외국 영화와의 경쟁해서 살아남을 수 있어야 한다. 그러한 노력이 있어야만 한국 영화의 경쟁력을 키우기 위한 정책적 노력이 빛을 발할 수 있다.

도라산역 벽화 폐기 사건

저작권은 저작자가 자신이 창작한 저작물에 대해서 갖는 권리이다. 저작자로서 예술가들은 소설, 음악, 미술이라는 저작물을 창작하고 그 대가로 권리를 향유한다. 예술적 행위는 '노동'이며, 예술가의 노동에 대해서는 상응하는 대가가 주어져야 한다.

예술가의 노동에 대한 정당한 대가이자 예술가로서의 생활을 지속할 수 있게 한다는 점에서, 저작권은 '인권'이 된다. 저작권을 '인권'으로 보호하겠다는 의지는 〈세계인권선언〉 제27조 2항 "모든 사람은 자신이 창조한 과학적, 문학적, 예술적 창작물에서 생기는 정신적, 물질적 이익을 보호받을 권리를 가진다"에서도 확인할 수 있다. 이러한 의지는 1966년 유엔총회에서 채택된 〈경제, 사회, 문화적 권리에 관한 국제규약〉에서 더욱 강화된다. 이 규약 제15조 1항은 문화생활에 참여할 권리, 과학의 진보 및 응용으로부터 이익을 향유할 권리와 함께 자기가 저작한 모든 과학적, 문학적 또는 예술적 창작품으로부터 생기는 정신적, 물질적 이익을 보호받을 권리를 주장한다.

인권으로서의 저작권을 구체적으로 실현하기 위한 국제규범도 제정되었다. 1961년에는 지적 창작품에 있어서의 정신적, 물질적 이익을 규정한 〈세계 저작권 협약〉이, 1971년에는 〈문학 및 예술적 저작물의 보호를 위한 베른협약〉이 체결되었다. 이 협약에 동참하는 나라들은 국내법에도 그 내용을 반영했다. 1967년에는 저작권을 관리하는 국제기구로서 세계지식재산기구WIPO, World Intellectual Property Organization가 설립된다.

우리 헌법도 인권으로서 지적재산권을 언급하고 있다. 헌법 제22조 2항은 "저작자·발명가·과학기술자와 예술가의 권리는 법률로써 보호한다"고 선언한다. 일반적으로 재산권은 제23조 "모든 국민의 재산권은 보장된다. 그 내용과 한계는 법률로 정한다"를 통해 헌법적으로 구현된다. 지적재산권은 창작성을 전제로 정당화되는 권리로서 국제적 인권의 구별 기준에 따르면 '경제, 사회, 문화적 권리' 중 '문화적 권리'에 해당한다. 지적재산권은 헌법이 보장하는 기본적 인권으로서의 성격을 띠므로 일반적 재산권과는 다르게 취급된다. 공공재로서 비배타성, 비경쟁적 속성을 갖는 저작물에 사적으로 독점할 수 있는 권리를 부여하는 이유는 저작물이 개인 창작의 소산이기 때문이다. 저작권은 보호 기간이 정해져 있다. 소유권은 영구적이지만 저작권은 저작권자 사후 70년으로 한정된다.

저작권의 인정 요건

저작권 등의 지적재산권을 헌법으로 보장하는 나라로는 미국이 있다. 1787년 미국 헌법 제1조 8항 8호는 "의회는 저작자 및 발명가에게 일정 기간 동안 그들의 저작물과 발명품에 대해 독점적 권리를 확보해줌으로써, 과학과 유용한 예술의 진보를 촉진하게 하는 권리를 갖는다"고 규정했다. 연방의회에 발명 및 저작물의 보호에 관한 입법 권한을 부여한다는 이 헌법 조항에 대해 미국의 4대 대통령이자 미국 헌법 초안의 기초를 맡았던 제임스 매디슨 James Madison은 "이 권한의 유용성은 거의 의심할 바 없다. 영국에서는 저작자의 저작권을 관습법의 한 권리로 엄숙히 인정하고 있으며 유용한 발명품들에 대한 발명가들의 권리도 마찬가지이다. 두 경우 모두 공익은 개인의 권리 주장과 완전히 일치하고 있음을 알 수 있다"고 했다.

예술가의 권리로서 저작권이 인정되려면 우선 예술가가 창작한 창작물에 저작물성이 있어야 한다. 저작권은 '학문과 예술에 관하여 사람의 정신적 노력에 의해 얻어진 사상 또는 감정을 말, 문자, 음, 색 등에 의해 구체적으로 외부에 표현한 창작적 표현 형식'을 보호한다. 구체적으로 표현된 것이어야 하기 때문에 단순한 '아이디어'나 '이론' 등의 사상, 감정 그 자체는 설사 그것이 독창성이 있다 하더라도 저작권의 보호 대상이 되지 못한다. 특히나 자연의 풍광을 담은 사진의 경우, 저작물성이 인정되지 않아 저작권으로 보호받지 못하는 경우가 많다. 설사 저작물로 인정받더라도 저작권 침해로 의율하기 어려운 경우도 많이 발생한다. 저작권 침해로 인정받기 위한 '실질적 유사성substantial similarity'과 '의거성'의 조건들을 충족하기 쉽지 않기 때문이다.

2007년 영국의 유명 사진작가 마이클 케나Michael Kenna가 찍은 솔섬 사진이 이슈가 되었다. 솔섬은 삼척에 있는 작은 무인도로 바다 가운데 떠 있는 외로운 바위섬과 그 위로 자란 소나무가 아름다운 경관을 선사하는 곳이다. 아름답고 신비로운 솔섬은 관광 명소로 유명해졌고 사진작가들이 찾는 성지가 되었다. 마이클 케나는 솔섬을 배경으로 사진을 찍고 사진의 저작권을 공근혜 갤러리에 양도했다. 그런데 마침 대한항공이 여행사진 공모전을 열고 당선된 출품작을 광고에 사용했는데, 공교롭게도 그 사진이 마이클 케나의 솔섬 사진과 유사했다. 이에 공근혜 갤러리는 대한항공을 상대로 저작권 침해 손해배상을 청구했다.

저작권 침해를 따지려면 저작물들의 실질적 유사성 여부를 따져야 한다. 그러나 이 건은 실질적 유사성을 검토하기 전에 과연 사진이 창작적 표현 형식이냐부터 논란이 되었다. 풍경 사진 등은 특히 저작물성을 인정받기가 쉽지 않아, 피사체를 선정하고 구도를 설정하고 빛의 방향과 양을 조절하고 카메라 각도를 설정하고 셔터의 속도와 셔터 찬스를 포착하고 현상하고 인화하는 과정에서 촬영자의 개성과 창조성이 인정되는 저작물성 인정 장벽이 꽤 높은 장르다.

당시 갤러리 측은 물에 비친 솔섬을 통해 물과 하늘과 나무가 조화를 이루고 있는 앵글이 이 사건 저작물의 핵심이라며, 공모전 사진은 피사체를 선정하고 구도를 설정하고 빛의 방향과 양을 조절하고 카메라 각도를 설정하고 현상하고 인화하는 과정에서 마이클 케나의 사진과 동일하다는 주장을 펼쳤다. 그러나 법원은 이미 존재하는 솔섬이라는 피사체를 어느 계절, 어느 시간대, 어느 장소에서, 어떠한 앵글로 촬영하느냐의 선택은 일종의 아이디어로서 저작물성을 인정하지 않았다. 법원의 판단에는 사진의 저작물성을 인정하면, 만약 그러한 장면을 예술적 소재를 삼으려는 또 다른 예술가들에게 창작의 기회와 자유를 박탈하는 결과를 초래할 것이라는 점이 고려되었다. 특히나 자연경관은 만인에게 공유되는 창작의 소재로서 촬영자가 피사체에 어떠한 변형을 가하는 것이 어렵다는 것도 고려되었다. 법원은 두 사진에서 솔섬의 위치가 달라 구도에도 차이가 있으며, 촬영 시점도 늦겨울 저녁과 한여름 새벽으로 서로 다르고, 마이클 케나의 사진이 수묵화와 같은 정적인 담담함을 느끼게 한다면 공모전 사진은 일출 직전 솔섬의 역동성을 느끼게 한다는 점에서 차이를 보인다고 했다.

　　이 판례에는 사진 저작물의 저작물성 인정에 대한 원칙적 입장을 견지하면서 또 다른 예술 창작의 자유를 보호하려는 재판부의 의지가 담겨 있다. 저작물성을 쉽게 인정하는 것이 예술가의 권리를 보호할 수 있지만 어디에선가 창작의 열정을 불태우는 누군가의 기회를 박탈할 수 있는 위험이 될 수도 있기 때문이다.

우리는 가끔 제목이 유사한 작품을 대할 때가 있다. 제목에도 저작물성을 인정할 수 있을까? 한 무용가가 자신의 무용극 〈행복은 성적순이 아니잖아요〉와 동일한 제목의 영화를 상영하지 말라는 소송을 제기한 적이 있다. 자신의 무용극과 제목, 주제 또는 소재가 비슷하다는 것이었다. 문제는 영화 〈행복은 성적순이 아니잖아요〉가 동명의 무용극의 2차적 저작물이 되느냐는 것이었다. 2차 저작물은 원 저작물을 변형하여 새로운 저작물로 창작한 경우를 말하며, 2차 저작물로 인정되려면 원저작물을 기초로 새로운 창작성을 부가하고 원저작물의 표현상의 창작성을 차용한 실질적 유사성이 있어야 한다. 실질적 유사성은 사건의 구성 및 전개 과정과 등장인물의 교차에 있어서의 공통점을 말한다.

제목이 동일하다 해서 모두가 다 저작권 침해가 될 수는 없다. '행복은 성적순이 아니잖아요'라는 제목이 같고 청소년 교육의 문제점과 경쟁 위주의 사회 현실을 고발하고 해결책을 모색한다는 주제의 공통점이 있으나 등장인물, 사건 전개 등 실질적 구성면에서 현저한 차이가 있어 원저작물과 2차 저작물의 관계를 인정할 만한 실질적 유사성이 없다는 것이 법원의 최종 판단이었다.

음악 저작권의 문제

길거리를 걷거나 카페, 백화점에 있다 보면 종종 어디선가 흘러나

3부   예술의 자유를 향한 여정

오는 음악을 듣게 되는 경우가 있다. 이 음악들의 저작권은 어떻게 처리되고 있는 걸까. 음악 없는 세상은 삭막하다. 모든 음악의 사용을 저작권 이용 허락을 받고 사용하는 것은 쉽지 않을뿐더러 바람직하지도 않다. 저작자의 이익을 상당한 정도로 해치지 않는 사소한 이용이라면 저작권 침해로부터 구제해줄 필요가 있다. 〈저작권법〉 제29조에 따르면 청중이나 관중 또는 제3자로부터 어떤 명목으로든지 반대급부를 받지 않는 경우라면 '시행령이 정하는 바'에 따라 '상업용 음반' 또는 '상업적 목적으로 공표된 영상저작물'을 공연 또는 방송할 수 있다. 전자의 경우는 버스킹 같은 거리 공연에 해당하고, 후자의 경우는 소형 미용실에서 제값 주고 구매한 CD를 재생하는 경우이다.

이 조항과 관련해서는 상업용 음반의 범위를 어떻게 정할 것인지에 대한 논란이 있었다. 상업용 음반을 재생하여 공연하는 경우 저작권 면책을 하는 입법 취지는 음반이 소비자에게 널리 알려져 음반의 판매량이 증가하니, 저작권자나 저작인접권자 또한 간접적 이익을 얻게 된다는 것을 인정해서다.

상업용 음반을 두고는 음악 저작자 단체와 대형 커피체인점 스타벅스 코리아의 한판 힘겨루기가 있었다. 과거 스타벅스는 미국 본사와 계약이 되어 있는 플레이네트워크라는 회사에서 음악이 담긴 CD를 장당 30.79달러에 구입해서 국내 스타벅스 매장의 배경음악으로 재생했다. 스타벅스는 정당한 계약을 맺어 매장에서의 배경음악 서비스를 제공하는 것이므로 이것을 판매용 음반이라 볼 수 없고 따라서 별도의 저작권 계약을 할 필요가 없다고 주장했다. 하지만 한국음악저작권협회는 이 음반이 시판용 음반이 아니므로 별도의 공연권 사용 계약을 해야 하며 〈My Girl〉, 〈Bring It on Home to Me〉 등의 곡을 배경음악으로 사용하지 못하게 해달라고 요청했다.

우리 법은 국민이 저작물을 이용하여 문화적 혜택을 받을 수 있도록 하고 있으나 저작권자의 정당한 이익을 부당하게 해할 염려가 있으므로 자유 이용의 범위를 극도로 제한한다. 재판 결과 1심에서는 스타벅스 코리아가 승소했고, 2심에서는 저작권협회가 승소했다. 대법원까지 간 이 소송에서 법원은 매장에서 사용되는 CD가 스타벅스가 제공한 플레이어에서만 재생되고 계약 기간이 만료되면 더 이상 재생되지 않는다는 점을 고려할 때, 시중에 판매할 목적으로 만든 것이 아니므로 '판매용 음반'으로 볼 수 없다고 하여 한국음악저작권협회의 손을 들어주었다.

저작인격권의 인정

저작자의 인권과 관련하여 주목해야 하는 것이 '저작인격권'이다. 〈저작권법〉은 저작자의 명예와 인격적 이익을 보호하기 위한 배려로서 저작자에게 그의 저작물을 공표하거나 공표하지 않을 것을 결정할 권리(공표권), 저작물의 원본이나 그 복제물 또는 저작물의 공표 매체에 그의 실명 또는 이명을 표시할 권리(성명표시권), 저작물의 내용·형식 및 제호의 동일성을 유지할 권리(동일성유지권)를 부여한다. 이러한 권리는 저작자와 분리할 수 없는 '일신전속성'을 갖기 때문에 저작권이 타인에게 양도되더라도 저작인격권은 저작자에게 남는다.

저작인격권을 인정하는 이유는 정신적 창조물로서 저작자의 인격이 반영된 창작물이 재산적 가치보다 한층 더 존귀하게 평가되어야 하기 때문이다. 하지만 원저작자의 저작인격권을 인정하면 작품 소유권자의 권리가 제한될 수 있다. 그래서 저작인격권이 소유권자의 이익을 해쳐 저작물의 판매 및 유통 생태계에 해를 준다는 의견도 있다. 이러한 견해를 가진 사람들은 저작인격권을 최소한으로 보장하는 것이 산업 발전에 기여한다고 주장한다. 또 원저작자와 소유권자가 계약을 할 때 필요한 합의 내용을 계약서에 넣어 원저작자의 인격을 보호할 수 있으므로 별도의 권리로서 저작인격권을 인정할 필요가 없다고도 한다. 그러나 현실에서는 저작자와 소유권자의 입장과 추구하는 이익이 달라, 저작물 처리를 두고 저작자와 소유권자 사이에 공방이 붙는 경우가 종종 있다.

1954년 영국 하원은 윈스턴 처칠의 80회 생일을 기념해 작가 그레이엄 서덜랜드Graham Sutherland에게 처칠의 초상화를 의뢰했다. 그런데 웨스트민스터홀 공개 기념식에서 초상화를 전달받은 처칠은 초상화가 마음에 들지 않았다. 처칠의 부인은 이 초상화를 불태웠고 1997년 그녀가 사망한 직후 초상화가 소각된 사실이 세상에 알려졌다. 작가 서덜랜드를 비롯한 많은 예술가들이 이를 예술품 파괴 행위로 규정하고 비난했다. 반면 처칠에게 자신의 재산을 처분할 권리가 있다고 주장하는 사람도 있었다.

1912년 독일에서는 〈바위섬의 사이렌Felseneiland mit Sirenen〉이라는 작품을 두고 논란이 벌어졌다. 그림의 소유자가 작가 동의 없이 나체의 사이렌에 옷을 입히는 덧칠을 한 것이다. 이러한 사건이 벌어졌을 때 저작자의 인격적 이익을 우선할 수도 있고, 소유권자의 처분의 이익을 우선할 수도 있다. 독일 법원은 예술가의 저작물을 함부로 변경한 것은 저작인격권을 침해한다고 판시했다.

우리나라에도 이와 유사한 사건이 있었다. 도라산역 벽화를 두고 소유권자인 통일부와 작가 이반 사이에 일어난 분쟁이다. 이 분쟁은 대법원까지 가서야 최종 결론이 났다. 2005년 통일부는 작가 이반에게 도라산역 벽화를 의뢰했고, 이반은 2005년부터 2007년까지 도라산역에 벽화를 제작했다. 도라산 벽화는 만해 한용운의 생명, 인간, 자유, 평화, 자연 사랑 정신을 담아 그린 14점의 벽화로 이를 전부 연결하면 가로 100m, 세로 2.8m에 이르는 대작이다. 그런데 통일부가 2010년 2월 작품이 경관을 해친다는 이유로 벽화를 철거하고 소거해버렸다. 후에 통일부는 작품이 어둡고 동일한 내용이 반복되어 도라산역을 방문한 일반인들이 이해할 수 없었기 때문에 작품 폐기가 불가피했다고 이유를 밝혔다. 도라산역 방문객 140명을 대상으로 한 설문조사에 근거한 조치였다.

문제는 통일부가 작가의 의사를 묻는 절차를 생략한 채 벽화에 물을 뿌려 철거한 데 있었다. 작품의 소유자는 통일부였다. 통일부의 논리는 '소유권자는 저작자의 허락 없이도 저작물을 폐기할 수 있다'는 것이었다. 작가는 반발했다. 작가는 역사적, 시대적으로 중요한 의미가 있는 공공장소에 국가의 의뢰로 벽화가 설치되면 상당 기간 동안 작품이 보존될 것이라 신뢰했을 것이다. 작가는 "저작자가 혼신을 바쳐 제작한 벽화를 정권이 바뀌었다고 헌신짝처럼 벗겨내는 나라가 어디 있느냐"고 항변했다. 미술계와 미술단체는 통일부의 행위를 '무지한 반달리즘vandalism의 소치'라고 비판했다. 미술계는 정부가 적법한 절차를 거치지 않고 작품을 철거하고 원형을 크게 손상시킨 것은 현저하게 합리성을 잃은 행위로 객관적 정당성을 결여했다고 여겼다.

저작자는 자신의 저작물에 대해서 인격적 이익에 대한 권리를 지닌다. 저작물의 동일성이 유지되어야 하고 이것이 소유자에 의해 침해된다면 동일성유지권 침해를 다툴 수 있다. 그런데 이 사건의 경우, 저작물의 동일성이 평가될 수 있을 정도의 원저작물이 남아 있지 않다는 것이 사건 해결을 더욱 어렵게 했다. 당시 '소유자와 저작자의 이익을 어떻게 형량할까', '우리 법은 작품이 변경 훼손된 개변의 경우 동일성유지권을 인정하는데 작품이 소각된 경우 동일성유지권 침해를 인정할 수 있는가'가 판결의 쟁점이 되었다. 작품을 소각하는 것은 작품을 변경하는 것보다 더 심한 문제일 수 있으나, 우리 〈저작권법〉은 작품의 소각에 대해서는 아무런 규정이 없다. 〈저작권법〉 제13조에서 "저작자에게 그의 저작물의 내용·형식 및 제호의 동일성을 유지할 권리를 가진다"고 규정할 뿐이다.

재판부는 1심에서 저작인격권, 예술의 자유 침해를 인정하지 않았고, 2심에서는 위자료 지급은 인정하되, 동일성유지권 침해는 인정하지 않았다. 대법원은 2015년 단순 변경이 아닌 폐기 행위로 저작자의 인격적 법익 침해가 발생한 경우에는 동일성유지권 침해의 성립 여부와는 별개로 저작자의 일반적 인격권을 침해한 위법한 행위가 될 수 있다고 판시했다. 민법상의 인격권 논리로 문제를 해결한 것이다. 또 공무원이 직무를 집행하면서 고의 또는 과실로 법령을 위반하여 타인에게 손해를 입힌 것에 대해 국가배상책임도 인정했다. 공무원의 저작물 폐기 행위가 공무원으로서 마땅히 지켜야 할 준칙이나 규범을 지키지 않고 위반한 경우로서, 현저하게 합리성을 잃고 저작자로서의 명예 감정 및 사회적 신용과 명성 등을 침해했다는 것이다. 미술품의 일부 파괴는 동일성유지권 침해로 미술품의 전부 파괴는 인격권 침해로 규율한 결과다.

저작자의 권리 보호

소유자와 저작자의 이익을 어떻게 평가하느냐의 문제는 비단 우리나라만의 문제가 아니다. 소유자와 저작자의 이익을 균형 있게 다루면서, 소유자의 작품 파괴 문제에 대처하는 미국과 스위스의 사례를 살펴보자. 미국은 비교적 저작인격권 인정에 인색한 나라로 분류된다. 자본주의 상품경제의 대국답게 소유자의 권리를 제한하면 미술품 시장이 활성화되지 않을 것이라는 생각이 널리 확산되어 있다. 실제 미국은 〈베른협약〉에 가입한 후인 1990년에야 원저작자로서 시각예술가들의 권리를 보호하기 위한 〈시각예술가 권리법VARA, Visual Artists Rights Act of 1990〉을 제정했다. 일부에서는 이 법이 예술가가 이미 판매한 작품의 사용과 유통에 끊임없이 개입할 권리를 부여한다며 비판하기도 했다. 하지만 이 법의 적용에도 분명한 한계는 있었다. 이 법은 '인정된 지위recognized stature'를 갖는 작품에 대해서만 그 저작물을 고의 또는 중대한 과실로 파괴하는 행위를 금지할 권리를 부여하고 있다. 그러나 작품이 '인정된 지위'를 갖는다는 것은 그리 쉬운 일이 아니다. 미국에서 인정된 지위로 판단되어 저작인격권을 주장할 수 있었던 두 가지 사례를 살펴보자.

1992년 인디애나폴리스 시는 작가 잔 마틴Jan Martin의 작품을 매입했다. 시는 작품을 매입할 당시 도시재개발계획이 진행되어 작품을 이전하는 경우가 생기면 작가에게 사전에 통지하겠다고 약속했다. 그런데 실제 작품을 이전해야 하는 시점이 되자, 시는 작가에게 통지하지 않고 작가의 작품을 제거했다. 이 사건을 심리한 미국 법원은 작품의 인정된 지위를 인정하고 저작인격권 침해로 규율했다.

1996년에는 뉴욕 주 퀸즈 시의 고층 빌딩인 원 펜 플라자의 건축주 헴슬리–스피어Helmsley–Spear 사가 건물을 리노베이션하면서 로비에 있는 조소 작품을 변경하고 파괴하려 하자 세 명의 조각가가 이에 소송을 제기했다. 법원은 로비 바닥은 순수 예술 저작물이고 그 예술적 수준이 전문가와 일반 사회 의견을 기초로 인정된다고 평가했다. 본질적으로 보존 가치가 있고 예술 저작물의 파괴가 사회적으로 심각한 손실이 될 수 있다고 판단한 것이다.

스위스의 〈저작권법〉은 저작자의 동의 없는 파괴로부터 저작물을 보호할 수 있는 규정을 두고 있다. 스위스 〈저작권법〉 제15조는 별도의 복제물이 존재하지 않고, 저작자에게 보존에 관하여 정당한 이익을 가진다고 추정할 만한 상당한 사유가 있는 경우에 미술 저작물 등의 소유권자가 작품 철거 시에 작가의 동의를 얻어 철거하거나 변형할 수 있도록 하고 있다. 물론 이 경우에도 저작자는 소유자에게 재료비 이상을 청구해서는 안 된다고 못 박고 있다.

미술품이 특정 공공장소에 설치되면 그 작품의 의미와 설치 장소가 하나로 결합하여 새로운 예술적 가치와 공간적, 역사적 의미를 창조하게 된다. 이를 '장소 특정적 예술'이라 한다. 국가가 이러한 의미를 획득한 예술작품을 완전히 폐기할 시에는 신중할 필요가 있다. 이러한 점을 고려할 때 도라산역 벽화를 폐기한 통일부에 아쉬움이 남는다. 작품은 예술가에게 너무도 중요하다. 예술가의 의사에 반해 저작물을 파괴할 경우 예술가의 손해를 최소화하기 위한 방안이 필요하다. 작품을 이전하거나 파기할 경우 예술가에게 이를 알리고 예술가의 의사를 확인할 절차를 밟는 것도 고려해볼 만하다. 또 예술가가 자신의 작품을 보호하기 위한 접근권을 보장하고 자신이 비용을 들여서라도 작품을 반환받을 수 있는 권리를 보장하는 것도 필요하다.

우리 헌법 제23조도 재산권의 행사는 공공복리에 적합하도록 의무화하고 있다. 문화예술 작품은 개인의 창작물이지만 시대의 산물이기도 하다. 당대에 주목받지 못했거나 비난의 대상이 되었던 작품이 후대에 위대한 예술품으로 인정받기도 한다. 우리 사회의 문화적 자산이 될 작품에 대해 보호할 권리를 사회가 인정해야 할 것이다. 소유권도 공공성과 사회성에 기반을 두고 그 권리 행사가 제한되어야 하지 않을까. 저작자의 권리를 보호하는 〈저작권법〉이 그러한 보루로서 역할을 담당해야 할 것이다.

문화 국가로 가는 길

예술가로
존엄하게 살기

'예술가'는 예술작품을 창작하거나 독창적으로 표현하거나 혹은 이를 재창조하는 사람, 자신의 예술적 창작을 자기 생활의 본질적 부분으로 생각하는 사람이다. 우리나라가 문화국가가 되려면, 문화예술을 창조하는 예술가를 '예술가답게' 존중하는 사회적 분위기가 마련되어야 한다. 이는 한 사회 속에서 예술이 갖는 역할을 사회가 오롯이 인정하고, 이에 대한 가치 평가를 제대로 해야 한다는 뜻이다.

우리나라는 오랜 유교적 전통 아래서 예술가를 '예인'으로 낮추어 보는 사고가 잠재의식 속에 뿌리 깊게 남아 있다. 자본주의 사회로 발전하는 과정에서 경제적 부가가치가 높은 직업을 우대하고, 무형의 가치를 생산하는 직업을 폄하해온 것 또한 엄연한 사실이다. 우리 사회가 예술가라는 직업을 대하는 태도를 잘 보여주는 사건이 조각가 구본주의 죽음 이후 벌어진 사건이다. 2003년 당시 예술계의 공분을 불러일으킨 이 사건은 예술가와 예술적 행위의 의미에 대한 사회적 논의의 물꼬를 트는 계기가 되었다.

예술가 구본주의 죽음

2003년 9월 새벽, 37살의 젊은 예술가 구본주가 교통사고로 사망했다. 그는 1980년대 말 척박한 생산 현장에서 만난 노동자들의 삶의 풍경을 사실적으로 표현한 작품으로 당대에 인정을 받은 작가였다. 그런데 사고로 요절한 구본주의 유족과 보험사 간에 분쟁이 발생했다. 당시 보험사가 예술가로서 그의 경력을 인정하지 않고 무직자와 동일한 '도시일용노임'을 기준으로 손해배상액을 산정했기 때문이다. 보험사는 독창적인 사회적 가치를 만들어내는 예술 활동을 '단순 노동'과 같다고 봤고, 그렇게 '조각가 구본주'는 '도시 일용 노동자 구본주'가 되었다.

이러한 보험사의 판단은 예술 활동의 특성에 대한 무지에서 비롯되었다. 자동차 운전 업무조차 도시 일용 노동과 노동의 조건이나 내용을 달리한다는 것이 대법원의 판단(대법원 1992.11.24 선고 92다27614 판결)이다. 분개한 예술인들은 '구본주 대책위'를 만들어 1인 시위와 퍼포먼스 등 예술적 행동에 돌입했고 이것이 큰 사회적 이슈가 되었다. 결국 보험사는 구본주의 예술 전문가 경력을 인정할 수밖에 없었다.

　문학, 미술, 영화, 음악 등 다양한 예술 영역에서 활동하는 많은 예술가들이 그 활동에 걸맞은 사회적 지위나 수입을 얻기 어려운 것이 오늘날의 현실이다. 예술가들의 삶은 늘 핍진했다. 3년에 한 번씩 문화예술인들의 활동 여건과 실태를 조사하는 '문화예술인 실태조사'라는 것이 있다. 2012년 이 조사에 따르면 창작 활동에 종사하는 사람들 중 월 평균 수입이 100만 원 이하인 비율이 무려 66.5%에 이른다. 4인 가족 최저생계비가 154.6만 원임을 감안할 때 예술가는 가족을 이루는 것마저 포기해야 할 상황이다. 2015년에는 월 평균 수입이 1인당 생계비인 60만 원에 못 미치는 사람들도 47.3%나 되었다. 특히 100만 원 이하인 비율은 문학(91.5%), 미술(79%), 연극(74%), 영화(71%) 분야 순으로 높았다. 수입이 아예 없다는 대답도 26.2%에 달했다.

　문화예술인들이 여러 창작 활동 여건들에 만족하는지에 대한 설문도 있었다. 거의 대다수 예술가들(91.7%)이 문화예술 활동의 경제적 보상에 대해 만족하지 못했다. 문화 예술인 및 활동 지원이 불만족스럽다는 의견이 84.7%, 창작 발표 기회가 불만족스럽다는 의견이 67.2%였다. 사회적 평가에 대한 불만도 46.6%에 이르렀다. 예술이 시장에서 생존하기 어려운 구조임은 보몰과 보웬의 '비용질병설' 등 다양한 학자들이 그 논거를 제기했음을 이미 2부에서 살펴보았다. 이러한 현실적 문제 때문에 예술에 대한 국가의 지원과 실질적인 예술 정책, 예술가의 사회적 지위 보장이 필요한 것이다.

예술가들은 예술작품을 통해 인간의 정서 생활에 관여하고 교육적 기능을 통해 사람들의 세계관, 가치관 형성에 중대한 영향을 미친다. 그런 측면에서 예술가들은 교육자이자 철학자로서 우리 사회의 문화적 토양을 풍요롭게 만드는 데 기여한다. 예술가의 사회적 지위를 논하기에 앞서 서구 사회가 예술가들의 사회적 지위를 어떻게 바라보고 이를 보장하기 위해 어떤 노력을 하고 있는지 참고할 필요가 있다. 우선 이에 대한 대표적 문서라 할 수 있는 유네스코의 〈예술가의 지위에 관한 유네스코 권고Recommendation concerning the Status of the Artist〉(1980년 10월 채택)를 살펴보자.

예술가의 지위에 대한 사회적 인정

1980년 유고슬라비아의 수도 베오그라드에서 유네스코 제21차 총회가 열렸다. 이 총회에서 예술가의 사회적 지위를 보장하기 위한 그간의 국제적 노력의 결실로 〈예술가의 지위에 관한 유네스코 권고〉가 채택된다. 이 권고문에는 예술가의 지위에 대한 정의, 적용 범위, 예술가의 사명과 훈련, 사회적 지위, 예술가의 고용, 작업, 생활 여건(직업 및 노동조합 조직), 문화 정책과 참여, 본 권고의 활용과 이행에 대한 전문을 포함 9개의 장이 담겨 있다.

유네스코 권고문의 핵심은 '예술가는 사회적 지위가 있다'는 것이다. 예술가의 사회적 지위는 한 사회에서 예술가에게 요청되는 역할에 따르는 중요성을 기초로 예술가에게 주어지는 존중을 의미한다. 또한 예술가의 사회적 지위는 정신적, 경제적, 사회적 권리를 포함하여 특히 예술가가 마땅히 누려야 할 소득과 사회보장에 관계되는 자유와 권리에 대한 인정을 의미한다. 국가는 예술가들이 정력과 활력을 갖고 지속적으로 사회에 기여할 수 있는 구조를 만들어야 한다. 그 구조는 예술가의 개별적, 집단적 복지를 좌우한다. 또한 국가는 예술가들이 문화 발전에 이바지함을 고려하여 그가 고용 예술가이든 자영 예술가이든 관계없이 사회보장, 노동 및 세제상의 여건들을 향상시켜야 한다.

안타깝게도 유네스코의 이 권고는 예술가들에 대한 사회적 태도, 예술가들의 사회경제적 처우가 국가마다 다르기 때문에, 그 내용을 각국의 법과 제도로 구현토록 하는 '협약' 수준으로 나아가지 못한 한계가 있다. 그럼에도 예술의 사회적 역할을 천명하고, 예술가들이 좋은 사회를 만드는 데 어떤 기여를 하는지 밝히고 있다는 점에서 그 의미가 작지 않다.

우리 사회가 예술인들의 사회적 지위를 인정하고, 사회안전망을 제공하는 것은 헌법 제9조의 문화국가 원리의 구현임과 동시에 사회국가 원리의 이행이기도 하다. 사회국가 원리는 우리 헌법 제34조에 잘 나타나 있다. 헌법 제34조는 "모든 국민은 인간다운 생활을 할 권리를 가진다"고 했다. 예술가를 포함한 모든 국민은 최소한의 생존에 필요한 경비가 있어야 한다. 예술인들의 사회적 지위를 보장하고 사회안전망을 제공하는 길에서, '문화국가'와 '사회국가'는 하나가 된다. 시민으로서의 예술가, 국민으로서의 예술가는 그 존엄과 가치를 지닌 존재로 예우받아 마땅하며, 예술가에 대한 예의를 보여줄 수 있는 나라가 진정한 문화국가라 할 수 있다.

켄 로치Ken Loach 감독의 2016년 영화 〈나, 다니엘 블레이크〉는 국가가 인간에게 보여주어야 하는 예의가 무엇인지 고민하게 하는 영화다. 영화의 주인공은 영국 뉴캐슬에 사는, 심장병을 앓고 있는데다 실직 상태인 중년의 목수 다니엘 블레이크다. 영화는 질병급여를 받으려는 다니엘이 공무원과 전화로 입씨름을 벌이는 답답한 장면으로 시작한다. 전문가는 매뉴얼대로 심장병과 관계없는 질문을 쏟아붓는다. "혼자서 50미터 이상 걸을 수 있나요?", "윗주머니까지 팔을 올릴 수 있나요?", "배변 장애는 없나요?", "의사소통에 장애는 없나요?" 등. 다니엘은 심장병과 관련 있는 질문을 해달라고 하지만, 공무원은 "이렇게 나오시면 자격 심사에 득 될 게 없다"는 협박 아닌 협박을 한다. 다니엘은 항변의 기회조차 갖지 못하고 질병급여 심사에서 떨어지고 절망에 빠진다. 우리나라에서도 다니엘 블레이크처럼 상담 창구 앞에서, 인터넷 사이트에서, 탁상공론식 매뉴얼과 옥상옥屋上屋의 절차, 고압적인 자세의 공무원 앞에서 인간성이 서서히 무너져가는 경험을 한 사람들이 있을 것이다.

'자존심을 잃으면 사람이 아니다'라고 생각한 다니엘은 모멸감과 분노에 차서 구직센터 외벽에다 '나, 다니엘 블레이크'라는 글을 쓴다. 그리고 국가의 결정에 재심을 청구하며, 스스로의 권리를 향한 투쟁에 나선다. 그러나 안타깝게도 그는 재심 결과를 확인하지 못하고 심장병으로 쓰러져 죽는다. 영화는 다니엘의 초라한 장례식에서 친구 케이티가 다니엘이 써놓고 간 항고이유서를 낭독하는 장면으로 끝을 맺는다. "나는 다니엘 블레이크. 개가 아니라 인간입니다. 이에 나는 내 권리를 요구합니다. 인간적 존중을 요구합니다. 나, 다니엘 블레이크는 한 사람의 시민 그 이상도, 그 이하도 아닙니다." 항고이유서에 남긴 다니엘의 절박한 목소리는 정부가 주는 지원금으로 삶을 영위하는 '지원 대상자'이지만 시민으로서의 존엄성을 옹호받고자 하는 그의 마지막 외침이었다.

예술가의 사회적 지위를 인정하는 것이 인간은 없고 제도만 있는, 시민은 없고 국가만 있는 〈나, 다니엘 블레이크〉의 텅 빈 사회계약처럼 되어서는 안 된다. 예술가들 또한 다니엘처럼 묵묵히 책임을 다하며 어려운 이웃을 도울 줄 아는, 특별히 자선을 구하거나 누군가의 도움에 기대지 않는 한 사람의 선량한 시민이다. 예술가의 사회적 지위를 인정하는 문화국가는 가장 먼저 예술가들에게 인간으로서의 존중을 보여줄 수 있어야 한다.

예술가 권리를 위한 투쟁

역사적으로 예술가들의 지위는 사회 속에서 쉽게 인정받지 못했다. 따라서 뜻 있는 예술가와 정책 담당자들이 예술의 가치를 옹호하기 위한 사회적 논의에 적극적으로 참여할 필요가 있다. 예술가의 사회적 지위를 부정하는 낡은 관행이 있다면 즉각적으로 싸우고, 이를 극복하기 위한 대안을 내놓는 데 부지런해야 한다.

독일의 법학자 루돌프 폰 예링Rudolf von Jhering은 《권리를 위한 투쟁Kampf ums Recht》(1872)에서 "법의 목표는 평화이며 이에 치닫게 되는 수단은 투쟁"이라고 했다. 이 말은 모든 법은 싸워서 얻어낸 결실이며, 이를 부정하는 사람들의 수중에서 빼앗지 않으면 안 되는 것이라는 의미를 담고 있다. 예링은 이러한 투쟁이 필요한 이유를 두 가지로 든다. 첫째, 그것이 권리이자 자신에 대한 의무이고 둘째, 사회 공공에 대한 의무이다. 권리자는 자기의 권리를 통해 법규를, 그리고 법규를 통해 사회 공공의 법적 질서까지 방어한다. 그래서 법질서의 유지는 법관과 경찰뿐 아니라 시민 각자가 자기 본분에 맞춰 협력함으로써 가능해진다.

《권리를 위한 투쟁》은 셰익스피어의 〈베니스 상인〉 속 재판을 대하는 새로운 시각을 선사한다. 우리는 보통 채무자에게 살 1파운드를 요구하는 샤일록의 비정함과 강퍅함에 분노한다. 그러나 예링은 계약서에 명기된 살 1파운드를 위해 법률의 집행을 요구하는 샤일록을 옹호한다. 예링은 권리를 위한 투쟁자로서 하인리히 폰 클라이스트Heinrich von Kleist의 소설 《미하엘 콜하스Michael Kohlhaas》를 예로 들기도 한다. 콜하스는 유럽의 중세 봉건시대 인물로 극악한 귀족에게 아내를 빼앗긴 사람이다. 그는 권리를 지키기 위해 군주법을 동원한다. 작품 속에서 샤일록과 콜하스는 패배한다. 그러나 두 인물이 패배를 대하는 태도는 사뭇 다르다. 샤일록은 무기력하게 판결에 승복하지만 콜하스는 "내가 짓밟혀야 한다면 인간이기보다 차라리 개가 되겠다"는 심정으로 한바탕 전쟁을 치른다. 결론적으로 샤일록의 승복은 베니스 상인법을 유대인을 제외한 베니스 사람들만의 법으로 추락시켰고, 콜하스의 무모한 용기는 부패한 사법부가 망쳐버린 법을 원래 있어야 할 자리로 복귀시킨다.

예술가의 사회적 지위는 예술가라는 '직업'을 사회적으로 인정한다는 것에 머무르지 않는다. 그것은 예술가가 사회 속에서 마땅히 받아야 할 대우를 의미하는 일종의 '신분'이다. 우리 예술 현장에 또 다른 구본주가 있다면, 그것은 '문화국가'의 아픔이자 슬픔이 될 것이다. 예술가에게 인간으로서의 존중을 보여주지 못하는 나라는 진정한 문화국가가 아니다. 국가는 예술가가 예술적 표현을 자유롭게 표출할 수 있는 분위기뿐 아니라 창조적 재능을 쉽게 발휘할 수 있는 물질적 여건을 조성하고 이를 지속할 수 있도록 도움을 주어야 한다.

예술가 또한 과감한 예술적 행동, 정치적 발언이 필요할 때가 있다. 예술가의 사회적 지위의 인정 투쟁은 예술가 자신에 대한 의무이자, 사회 공공에 대한 의무이다. 예술가들은 자신의 사회적 지위를 인정받음으로써, 문화국가라는 법적 질서까지 방어한다.

미래의
최고은에게
기본소득을

2011년 한 시나리오 작가가 안타깝게 죽었다. 한국예술종합학교를 졸업하고 〈격정 소나타〉를 연출한 감독이자 시나리오 작가였다. 최고은 작가는 2006년 아시아나국제단편영화제에서 '단편의 얼굴상'을 수상하기도 한 능력 있는 예술가였다. 그러나 생활은 이웃에게 손을 벌려야 할 정도로 궁핍했다. "죄송해서 몇 번을 망설였는데, 쌀이나 김치를 조금만 더 얻을 수 없을까요"라고 쓴 메모가 그의 처지를 단적으로 보여주었다. 결국 생계를 해결할 방법을 찾지 못한 작가는 "항상 도와주셔서 정말 면목 없고 죄송하고 감사합니다"라는 예의 바른 쪽지를 남기고 세상을 떠났다.

그의 죽음은 우리 사회에 큰 반향을 일으켰다. 예술가의 삶에 대해 사회가 관심을 갖기 시작한 것이다. 물론 그 이전에도 비슷한 일은 있었다. 2010년 11월 '달빛요정역전만루홈런'이라는 이름의 인디 뮤지션의 죽음이 그것이다. 달빛요정역전만루홈런은 〈나의 노래〉, 〈행운아〉, 〈스끼다시 내 인생〉, 〈슬픔은 나의 힘〉 등의 꽤 많은 노래를 발표했다. 그럼에도 생활에 필요한 수입을 거둘 수 없었다는 것이 사람들에게 알려져 마음을 아프게 했다. 그들의 죽음이 계기가 되어 복지의 사각지대에서 열악한 삶을 이어나가고 있는 예술가들이 인간다운 삶을 살 수 있도록 보장하는 〈예술인 복지법〉이 제정되었다.

작가 최고은의 죽음과 〈예술인 복지법〉의 탄생

예술인 복지에 대해서는 2003년 참여정부가 출범하면서 4대 보험 개선을 통한 예술인 복지 증진, 한국예술인공제회 운영 등으로 먼저 이야기되기 시작했다. 이러한 정책안들은 참여정부의 문화예술 정책 마스터플랜인 '새 예술 정책'에 포함되어 있던 것들이었다. 그러나 이 정책안들은 자신이 좋아서 하는 일 아니냐는 냉소부터, 왜 예술인만 우선적 복지를 받아야 하는가에 대한 호소까지 다양한 반대 논리에 부딪혔고 결국 문화산업이나 관광 정책 등 경제적 가치 창출이 용이한 분야에 밀려 정책으로 실현되지 못했다.

이명박 정부에서는 예술인 복지 문제를 수혜자의 자기 부담을 의무화하는 '예술인공제회'를 설립해 해결하자는 쪽으로 방향이 잡혔다. 하지만 이 또한 여야 의원들이 〈예술인 복지법〉 제정안을 앞다투어 발의했음에도 국회에서 쉽게 논의되지 못했다. 그런 상황에서 최고은의 죽음이 그 모든 반대 논리를 무력화하는 강한 힘을 발휘했다. 그녀의 죽음은 정책의 창window of policy을 활짝 열어젖혔다. 2011년 6월 그동안 발의된 법안들이 일괄 상정되고 위원회 대안으로 통합되면서 2011년 10월, 10년을 넘게 오르락내리락하던 〈예술인 복지법〉이 국회 본회의를 통과했다.

〈예술인 복지법〉의 지원 대상이 되는 예술인은 예술가로서 경력이 인정된 사람이다. 〈예술인 복지법〉에 따르면 '예술인'은 예술 활동을 업으로 하여 국가를 문화적, 사회적, 경제적, 정치적으로 풍요롭게 하는 데 공헌한 자로서, 문화예술 분야에서 대통령령으로 정하는 바에 따라 창작, 실연, 기술 지원 등의 활동을 증명할 수 있는 자로 정의한다. 예술인으로서의 경력을 인정받기 위해서는 공표된 저작물을 제시하거나, 예술 활동으로 소득이 있다는 증명을 하면 된다.

〈예술인 복지법〉은 예술인 복지사업을 진행하는 기관으로서 예술인복지재단의 구성과 운영을 규율한다. 예술인복지재단은 일자리 연계를 통해 예술인들의 생계를 보장해주는 파견 지원을 하고, 어려운 경제 환경에 처해 있는 예술가들에게 창작 지원금을 전달한다. '파견 지원 사업'은 예술가를 기업에 파견해 예술가와 기업, 퍼실리테이터facilitator가 한 팀이 되어 프로젝트를 수행하게 하고 이를 통해 예술의 사회적 활용 영역을 확대하는 것을 목적으로 한다. '창작 준비 지원금 사업'은 열악한 상황에서도 작품 활동을 이어가고 있는 예술인에게 1인당 3백만 원까지 창작 지원금을 지원하는 사업이다. 현재 연간 4천 명의 예술가가 이 지원금의 혜택을 받고 있다. 그러나 파견 지원 사업과 창작 준비 지원금 사업이 예술가, 예술인 단체에 대한 사회적 안전망이라고는 볼 수 없다. 오히려 기존의 예술 지원 사업의 연장선에 있는 사업이라고 보는 것이 맞다.

2011년 〈예술인 복지법〉이 제정된 후 2013년과 2016년 두 차례에 걸쳐 법 개정이 있었다. 2013년에는 예술인이 업무상 재해를 입을 경우, 산업재해보상보험료의 일부를 지원할 수 있도록 법이 개정되었다. 무용인 중 25%, 미술인 중 14.6%, 영화인 중 12.9%가 업무상 재해에 노출되어 있다는 통계가 있는데, 이들 예술인들에게 완벽하지는 않지만 재해로부터 보호받을 수 있는 도움의 손을 내밀었다는 데 의의가 있다. 또 예술가가 불공정한 계약을 강요당하지 않을 권리가 있다는 것도 이때 확인했다. 2016년에는 표준계약서 보급의 강화와 불공정 행위를 금지하는 내용이 개정에 포함되었다. 다만 금지 행위가 발생했을 때 구제 또는 처벌 조항이 없다는 것이 아쉬움으로 남는다.

예술인 복지를 위한 재원 조성 문제

현행 〈예술인 복지법〉이 갖는 가장 큰 문제는 특별한 재원 조성 방안이 없다는 것이다. 매년 정부 재정에서 지원받는 지원금이 예술인복지재단 예산의 전부다. 채권을 발행하는 방안이 제시되기도 했지만, 나중에 이 빚을 갚을 수 있는 구조를 마련할 수 없어 실현되지 못했다. 정부 재정에서 출연하는 방안도 제안됐는데, 예산 사용의 형평성과 효과성을 문제 삼은 재정 당국의 반대에 부딪혀 채택되지 못했다.

이러한 문제를 해결하기 위해서 영화진흥기금처럼 '예술인복지기금'을 조성하고, 그 기금 모금을 허용할 필요가 있다는 주장이 나왔다. 이러한 방식에는 '예술가 사회세' 도입을 통해 예술인 복지 재원을 마련하는 독일 방식이 참고할 만하다. 특히 '예술가 사회세'가 특정 계층에게 부담금을 부과함으로써 재원 문제를 해결하는 것이 아니라, 예술가의 사회적 지위와 예술의 사회적 유통 과정에 대한 깊이 있는 성찰 가운데 나온 대안이라는 점에 주목해야 한다.

1981년 재정된 독일의 〈예술가 사회보험법〉은 기존의 사회보험 체계에서 혜택을 받지 못하는, 사용주에 고용되지 않은 '독립한 자영 예술가'들을 대상으로 한다. 예술가 사회보험은 예술가가 50%를 부담하고, 연방정부가 20%를 부담하며, 나머지 30%는 '예술가 사회세' 수입을 통해 충당한다. 예술가 사회세는 예술가를 '고용'하지는 않았지만, 예술가를 '사용'하여 이윤을 창출하는 출판사, 레코드 회사, 광고 대리점, 화랑 등의 사업자(중개자)들에게 부과되는 세금이다. 사업자들이 독립 예술가에게 지불하는 보수나 사례금에 예술가 사회세가 부과됨으로써, 사업자들에게 일종의 부담금처럼 인식되었다.

법이 발효된 후, 출판사와 화랑 등 사업자들이 이 법으로 인해 자신들의 기본권이 침해당했다며 헌법소원을 제기하기도 했다. 그러나 독일 헌법재판소는 1987년 〈예술가 사회보험법〉을 합헌으로 판결했다. 출판사, 레코드 회사, 화랑이 직접 예술가를 고용하지는 않지만, 예술가들과 이들 사업자들은 서로의 존재를 필수적으로 필요로 하는 공생 관계다. 예술가는 대체 불가능한 업무를 제공하고, 이들 사업자들은 예술가들의 행위를 시장에 송출하는 책임을 갖는다. 따라서 노동시장에서 사용자가 피용자에 대해 책임을 지는 것과 같이 이들 사업자들도 책임을 져야 하기에 예술가 사회세는 정당하다는 논리였다.

우리나라에서 〈예술인 복지법〉이 제정되고 다양한 예술인 복지 정책이 실행되고 있지만 아직까지 실제 혜택을 받는 예술인 수는 많지 않다. 재원 문제만큼이나 〈예술인 복지법〉이 사회보험으로서 역할을 충분히 하지 못하는 데는, 예술인을 일반적 사회보장 체계로 포괄하기 위한 '근로자 의제' 등의 근본적 문제를 해결하지 못한 것이 크다.

〈예술인 복지법〉 제안 당시에는 예술인을 근로자로 의제하여 고용보험과 산재보험의 혜택을 주자는 내용이 포함되어 있었다. 그러나 예술인 집단과 다른 집단 사이의 형평성, 노동법상 근로자 지위의 지나친 확장 등의 반대 의견에 부딪혀 근로자 의제 조항과 고용보험 조항은 삭제되고, 산재보험 조항만 남게 되었다. 하지만 근로자 의제 조항 없이도 프랑스의 앵테르미탕처럼 고용보험, 실업보험 등의 핵심적 제도가 법 조항에 들어와야 한다는 주장도 있다. '예술은 문화산업의 근간으로 국가 경쟁력과 국가 위신 등에 중요한 역할을 하며, 예술가의 생활 안정은 예술가 개인의 문제가 아니라 우리의 공적 문제'라는 인식에 바탕을 두고 있는 앵테르미탕은 비정규직 예술인들을 대상으로 한 일종의 실업보험제도다. 이는 특히 공연 영상 분야의 비정규직 예술인들을 대상으로 하는데, 정규직 근로자가 아니더라도 10개월 동안 총 507시간을 일하면, 8개월까지 실업급여를 받게 하는 것이 앵테르미탕의 미덕이다.

〈예술인 복지법〉은 최고은이라는 한 예술가의 죽음을 기억하며 사회가 예술인의 사회적 지위와 복지를 실현하기 위한 근거로써 마련했다는 점에서 중요한 입법이다. 그러나 특별한 재원이 없고, 예술가의 근로자 의제가 이루어지지 못함으로써 사회보험으로서의 역할을 수행하기에는 기본적 한계를 가지고 있다. 안정적인 재원으로 예술가 복지를 수행해야 하는 예술인복지재단이 예술가 지원 프로그램을 수행하는 다른 기관과 별 차이를 갖지 못하고 사업 집행 기관이 되어가고 있다는 것 또한 안타깝다. 이처럼 〈예술인 복지법〉이 돌파구를 찾지 못하는 꽉 막힌 상황에서, 새로운 대안으로 적용 가능성을 살펴볼 만한 것이 바로 기본소득 unconditional income, citizen's income이다.

예술가를 위한 기본소득

기본소득제는 18세기 말 정치철학자인 토머스 페인Thomas Paine이 처음 제안한 제도이다. 기본소득제는 재산이나 소득의 많고 적음, 노동 여부나 노동 의사와 상관없이 개별적으로 모든 사회 구성원에게 균등하게 소득을 지급하는 것을 말한다. 미국의 흑인 인권운동가 마틴 루터 킹Martin Luther King이 죽기 직전 계획했던 '빈자들의 행진'이란 운동이 요구했던 것도 흑인을 포함한 모든 미국 국민에게 기본소득을 보장하라는 것이었다. 최근 기본소득제가 다시금 주목받고 있는 것은 사회복지제도뿐 아니라 고용 창출이 어렵고 실업률이 높아지는 지금의 저성장 뉴 노멀 시대의 새로운 대안 소득 모델이 될 수 있기 때문이다.

2017년 핀란드는 세계 최초로 기본소득제를 도입해 전 세계적 관심을 불러일으켰다. 핀란드 정부는 현재 25~58세까지의 성인 남녀 중 일자리에 종사하지 않는 2,000명을 무작위로 선발해 2년 간 매달 560유로(약 71만 원)를 무상 지급하고 있다. 2016년 스위스에서는 기본소득 도입에 대한 국민투표가 실시되었는데, 찬성 23.1%, 반대 76.9%로 반대하는 목소리가 더 높아 실현되지는 못했다. 스위스 기본소득 도입을 이끌었던 시민단체 지도자 다니엘 헤니Daniel Hani는 기본소득이 '정의'와 '자유'라는 두 개념을 둘러싼 대립을 극복할 수 있는 길이라고 주장했다. 이 외에도 기본소득제에는 복지 대상을 심사하면서 발생할 수 있는 관료 조직의 비대화와

4부 　　　　문화국가로 가는 길

절차의 비효율성을 방지할 수 있다는 장점도 있다.

　기본소득은 가난한 사람을 선별해서 필요한 것을 공급하는 '선별적 복지'와는 다르다. '기초생활보장제도' 등 대부분의 공공부조는 소득과 부양 의무자의 유무가 중요하다. 기본소득제도는 이러한 공공부조의 관행을 전면적으로 갈아엎는다. 기본소득은 재산의 유무, 노동의 유무와 관계없이 모든 사회 구성원에게 충분한 소득을 보장한다. 무조건적이며 보편적이다.

　혹자는 기본소득이 공정한 게임의 룰에서 벗어나 있으며 무임승차자를 승인하는 것으로 나태한 자가 근면한 자를 착취하는 제도라고 폄하한다. 복지병 증상이 나타나 사회를 위협한다고 겁을 주기도 한다. 하지만 이러한 생각은 세상에 커다란 파이가 넘쳐나도 자신이 얼마나 부지런한 사람인지 증명하지 않은 사람은 한 조각의 파이도 먹어서는 안 된다는 것과 마찬가지로 속 좁은 생각이다.

　기본소득은 '일하지 않으면 먹지 말라'는 자본주의 사회의 익숙한 노동 규범으로 대표되는 균형적 호혜성의 가치 비중을 줄여나갈 것을 촉구한다. 기술의 진보로 생긴 이익을 사회 구성원 모두가 나누어 가짐으로써 객관적인 여건으로는 이미 오래전에 가능할 수 있었던 개성적 자유를 실현해나가자는 것이다.

　이러한 기본소득의 원리는 예술인의 존재론적 특성, 예술이라는 업의 특성에 가장 잘 어울리는 제도라고 할 수 있다. 기본적인 생활이 보장된다면 예술가들의 삶은 어떻게 바뀔까? 혁신과 창조는 인간이 안정된 삶을 누리며 스스로 학습하는 데서 즐거움을 느낄 때 비로소 가능해진다. 당장 돈이 없어 생계를 걱정해야 하는 시인이 과연 자신의 예술적 능력을 백 퍼센트 발휘할 수 있을까?

예술가들에게 기본소득이 주어진다면 예술가들은 자신에게 주어진 시간 속에서 개인의 창의력을 극대화하고 예술을 매개로 한 사회적 연대 활동에 나설 것이다. 예술가들이란 원래 그러한 부류의 사람들이다. 기본소득이 주어지면 실패하더라도 다시 일어날 수 있는 희망을 품을 수 있다. 최고은에게 기본소득이 주어졌다면 아마도 그녀는 자신의 창의성을 마음껏 발휘하여 우리의 문화적 삶을 더 풍요롭게 해주었을 것이다,

기본소득은 임금이 지급되는 일만을 일로 취급하는 자본주의적 가치의 전환을 촉구하는 무혈의 혁명이다. 예술은 고용을 매개로 한 일자리 창출이 용이하지 않은 영역이다. 기본소득이 도입되면, 비록 누군가에게 고용되어 꼬박꼬박 월급을 받지 않더라도, 내 마음대로 음악을 만들고 내 멋대로 춤추는 것도 '일'로 존중받을 수 있다. 예술가는 사회를 통해 개성적 자유를 실현해나갈 수 있는 여건을 보장받고, 국가는 헌법 제34조의 국민의 '인간다운 생활을 보장할 의무'를 수행하는 것이다.

마지막으로 예술가들의 권리와 사회적 지위는 저절로 누군가에 의해 시혜처럼 주어지지 않는다는 것을 다시 한번 강조하고 싶다. 조각가 구본주 사건에서 보듯 예술가들이 조각가 구본주를 위해 치열하게 예술적 행동을 감행함으로써 구본주는 도시 일용 노동자의 노동과 구별되는 예술가로서의 노동을 인정받을 수 있

었다. 권리를 위해 치열하게 노력할 때, 예술가들이 숨 쉴 수 있는 한 평의 쉼터가 마련된다.

기본소득제 도입도 마찬가지다. 사회 곳곳에서 예술인 기본소득 담론을 만들어내기 위한 선한 노력이 경주되어야 한다. 예술가들에게 특별히 이를 인정해야 하는 논리를 세우고, 재원을 어떻게 마련할 것인지 대안을 마련해서, 여론과 국민을 설득하는 일부터 해나가야 한다. 예술가가 예술을 계속할 수 있는 의지를 북돋고 응원하는 기본소득제도는 앞으로 우리가 끊임없이 두드려야 하는 문이다.

행복한 연대,
문화복지

국가는 국민 한 사람 한 사람의 '인간다운 삶'을 보장해야 한다. 그런데 인간다운 삶의 기준은 사람마다 다를 수 있다. 누군가는 삼시세끼 밥만 먹을 수 있으면 인간다운 생활을 한다고 느낀다. 누군가는 커피 한 잔 마실 수 있을 정도의 여유를 가져야 인간다운 생활이라고 여긴다. 인간다운 삶의 기준은 '시대'에 따라 다르기도 하다. 한국전쟁 이후 폐허가 된 땅에서 억척스런 삶을 살아야 했던 세대는 초근목피를 면하는 것만으로도 인간다운 생활이라고 느꼈을 것이다.

그렇다면 지금 시대를 살고 있는 사람들이 요구하는 '인간다운 생활'은 어떤 것일까? 이에 대한 답을 찾기 위해서는 인간의 욕구에 대한 이해가 필요하다. 심리학자 에이브러햄 매슬로우 Abraham Maslow는 1940년대 욕구 5단계 이론을 주창했다. 매슬로우는 인간의 욕구를 1단계 생리적 욕구, 2단계 안전의 욕구, 3단계 사랑의 욕구, 4단계 존중의 욕구, 5단계 자아실현의 욕구로 구분하고, 인간의 욕구는 전 단계의 욕구가 충족되면 더 높은 단계로 이행하는 속성을 띤다고 보았다.

이를 우리나라에 적용해보자. 경제적으로 먹고사는 문제가 해결되지 않던 시대에는 당연히 생리적 욕구가 무엇보다 중요했다. 그러나 그러한 문제가 해결된 현 시대에는 안전한 삶에 대한 욕구와 사랑받고, 존중받고, 자아를 실현하려는 욕구가 커지고 있다. 사랑과 존중과 자아실현의 욕구는 정서적이고 정신적 측면과 관련되어 있다. 이 세상에서 정신적 측면에서 인간에게 감동을 줄 수 있는 것을 말하라면 문화와 예술을 꼽을 사람이 많을 것이다. 책을 읽을 때, 공연을 볼 때, 전시를 관람할 때, 인간의 삶을 절묘하게 포착한 예술을 대할 때 우리는 사랑과 존중을 경험한다.

이러한 욕구 단계의 변화는 로널드 잉글하트Ronald Inglehart의 탈물질주의Post Materialism와도 일맥상통한다. 탈물질주의는 인간의 욕구가 물질적 충족뿐 아니라 유대감, 자기 존중, 지적 혹은 미적 만족감 차원으로 확대되는 것을 일컫는다. 서구 선진 사회에서 환경 보호 운동이 일어나고, 녹색당이 정당으로 성장할 수 있었던 것도 이러한 탈물질주의적 세계의 등장과 무관치 않다. 문화적 삶에 대한 동경도 탈물질주의를 구성하는 중요 요소이다.

물질적 성장을 이루어낸 사회 구성원들은 문화적 삶을 통해 정신적 만족을 추구하려는 경향을 보인다. 그래서 국민들의 국가에 대한 요구도 문화적 권리를 요구하는 방향으로 변한다. 이를 잘 포착한 것이 영국의 사회학자 토머스 험프리 마셜T. H. Marshall이다. 마셜은 "시민권 투쟁은 이제 더 이상 정치적, 경제적, 사회적 평등만을 위한 것이 아니라, 평등한 문화적 지위, 문화적 정체성을 요구하는 문화적 권리 확보의 투쟁으로 변화하고 있다"고 했다. 사회권은 경제적 복지와 보장에 대한 권리뿐 아니라 우리가 흔히 문명화되었다고 할 수 있는 삶을 누리고 사회적 유산에 충분히 참여할 권리까지 포함하고 있다는 생각에 이른 것이다.

결론적으로, 사람들은 이제 먹고사는 문제뿐 아니라 문화를 향유하고 참여하는 것까지 인간다운 생활의 범주에 포함시키고 있다. 이미 산업화와 민주화를 경험한 대한민국은 '더 나은 대한민국'을 꿈꾼다. '더 나은 대한민국'은 문화적 향유를 통해 국민이 행복한 나라이다.

문화 격차 해소

문화예술을 즐기기 위해서는 감수성이 필요하다. 문화예술은 반복되는 경험을 통해 일정한 기호가 형성되었을 때 소비가 시작되는 경험재experience goods이기 때문이다. 어려서부터 공연이나 전시를 감상하는 법을 익히면 평생 문화예술을 향유할 가능성이 높아진다. 그런데 누구나 어린 시절부터 문화를 향유할 수 있는 것은 아니다. 어린 시절의 문화 향유는 태생적 여건과 관련 있을 수밖에 없다. 특히 부모의 소득 수준은 문화 향유의 지표가 될 수 있다.

2012년 '문화향수 실태조사'에 나타난 소득 수준별 예술 관람률 차이는 '소득 수준에 따라 예술을 관람하는 횟수에서 차이가 난다'는 명제를 확정 지을 만큼 유의미했다. 400만 원 이상의 소득 수준에서 예술 관람률은 82.1%에 이르렀으나, 300~400만 원은 77.3%, 200~300만 원은 64.6%, 100~200만 원은 46.2%로 떨어졌다. 100만 원 미만의 경우에는 관람률이 26.3%까지 떨어졌다. 소득 수준의 차이가 예술 관람률의 차이로 이어진다면 당연히 문화를 향유함으로써 얻을 수 있는 삶의 만족도와 행복도에도 영향을 미칠 수 있다.

문화적 격차는 소득, 지역, 연령에 따라 나타날 수 있는데, 이 가운데 사회적으로 가장 위협이 되는 것은 소득별 문화 격차다. 이러한 격차를 줄이기 위한 문화 정책의 필요성은 1980년대부터 주창되었고 '문화복지'라는 개념을 탄생시켰다. 문화복지는 문화의 향유를 '복지'의 차원에서 접근한 개념으로, '국민의 미적 감수성과 문화적 창의력을 계발하여 문화 소외층과 일반 국민의 인간다운 문화생활을 보장하고 전체 국민의 문화생활 수준을 제고하려는 정부와 민간의 활동'으로 정의 내릴 수 있다. 개념으로만 떠돌던 '문화복지'가 구체적인 정책 프로그램으로 구현된 것은 2000년대부터로, 우리의 경제 규모가 먹고살 만한 수준이 되고 나서야 가능해졌다.

우리 문화복지의 대표적인 프로그램으로 꼽히는 것이 '문화바우처'와 '문화예술 교육'이다. 2005년 소외계층에게 도서 구매, 영화와 전시를 관람할 수 있는 쿠폰 형태로 '문화바우처'를 제공하는 제도가 실시되었다. 문화바우처는 경제적으로 어려움을 겪는 이들이 문화적 향유에서 소외되지 않도록 하는 정책이다. 바우처제도는 수요자가 좋아하는 문화예술 장르와 작품을 선택할 수 있다는 점에서 '소비자의 선택'을 존중한다는 장점이 있다. 책을 좋아하는 사람은 책을 선택할 수 있고, 공연을 좋아하는 사람은 공연을 선택할 수 있다. 소규모로 시작된 이 정책은 현재 연간 400만 명에게 혜택을 주는 문화복지의 대표 명사가 되었다. 최근에는 기초생활수급자와 자활·장애인·의료급여·한부모가정 등 차상위 계층을 대상으로 1년에 일정 금액(6만 원)의 문화예술 상품을 구매하거나 이용할 수 있는 문화바우처가 문화누리카드라는 이름으로 지급되고 있다.

문화바우처가 탄생한 지 10년이 넘었다. 2012년 문화향수 실태조사에 따르면, 저소득층 문화바우처 이용자는 비이용자에 비해 예술 행사 관람률이 약 1.6배, 관람 의향이 약 8배, 문화 공간 연간 이용률이 약 3배에 이르는 등 모든 분야에서 비이용자에 비해 높았다. 문화바우처 사업이 저소득층의 문화 향수율 제고에 긍정적인 영향을 주고 있다고 해석할 수 있다.

문화바우처 시행의 역사가 쌓이면서, 문화바우처가 〈문화예술진흥법〉에 문화이용권이라는 제도로 법제화되었다는 것도 고무적이다. 현 세대와 미래 세대가 문화적 최저생활을 유지할 수 있는 권리가 지속될 수 있는 법적 기반이 마련된 것이다. 앞으로는 이러한 제도적 기반을 바탕으로 문화바우처로 볼 수 있는 공연과 전시의 범위를 넓히고 질을 높여, 장애인이나 노령층이 문화바우처를 이용하는 데 어려움이 없도록 서비스를 강화해야 한다.

연주하고 싸워라

저소득층이 문화를 향수할 수 있는 기회를 높이려는 문화복지는 가난한 아이들에게 세상을 향한 새로운 기회를 열어주는 '창'이다. 기적의 오케스트라로 불리는 엘 시스테마El Sistema는 전 세계에 이 사실을 증명했다. 엘 시스테마는 '베네수엘라 국립 청년 및 유소년 오케스트라 시스템 육성 재단'을 일컫는 말이다. 1975년 경제학자 호세 안토니오 아브레우Jose Antonio Abreu가 자신의 집 지하 창고에서 11명의 빈곤층 아이들에게 음악을 가르치면서 엘 시스테마는 시작되었다. 빈곤층 아이들에게 문화예술 체험 기회를 제공했다는 점에서, 엘 시스테마는 문화복지를 구현한 사례라 할 수 있다.

> 한 명의 불우한 아이에게 도움이 되는 일이 있다면 모든
> 불우한 아이들도 그런 기회를 가질 수 있어야죠. 잠재된
> 능력을 개발시키는 것입니다. 그리고 세상의 위험과 유혹에서
> 구원하여, 새로운 세계를 열어주고자 하는 거예요. 우리는
> 예술로 싸웁니다. 자라나는 아이들과 젊은이들은 음악이라는
> 기치 아래 하나가 되어 더 나은 세상을 위해 싸우는 거죠. 바로

연주하고 싸워라Play & Fight 입니다.

"연주하고 싸워라." 호세 안토니오 아브레우 박사가 엘 시스
테마의 목적을 설명한 말이다. 즐겁게 연주하면서 세상과 싸우라
는 뜻으로, 예술이 갖는 '유쾌한' 전투성을 가장 잘 표현하고 있다.
'시작은 미미하나 그 끝은 창대하리라'고 했던가. 엘 시스테마는
40년이 지난 2015년 400개가 넘는 음악센터와 70만 명 이상의 아
동 청소년 음악 수련생으로 이루어진 거대한 조직으로 성장했다.
그뿐인가. 번스타인, 카라얀을 이을 차세대 지휘자로 세계가 주목
하는 LA 필하모닉의 상임지휘자 구스타보 두다멜Gustavo Dudamel
같은 음악가도 키워냈다. 두다멜에게 엘 시스테마는 세상을 향한
'열린 창'이었다.

엘 시스테마는 단순한 문화복지 프로그램을 뛰어넘는, 음악
으로 사회를 변화시키는 사회 개혁 프로그램이다. 가난 때문에 세
상에 좌절하고 분노하여 총을 드는 아이들이 있다. 그러나 엘 시스
테마의 아이들은 총 대신 악기를 들었다. 세상에 대한 좌절과 분노
를 음악을 향한 애정으로 바꾸었다. '복수는 나의 힘'이 아닌 '음악
은 나의 힘'이 되었다. 엘 시스테마는 문화복지를 통한 사회적 투자
가 우리 사회의 갈등을 치유하고 통합을 이루어낼 수 있음을 보여
준 훌륭한 예이다. 예술은 즐겁고 유쾌하다. 그 즐거움과 유쾌함으
로 세상을 변화시킨다. 예술을 예술답게 만드는 힘이 거기에 있다.

우리가 꿈꾸는 문화국가도 엘 시스테마와 같이 아이들의 좌

절과 분노를 예술을 향한 열정으로 바꿀 수 있는 나라이다. 2005
년 우리나라에서는 문화예술을 즐길 수 있는 문화예술 리터러시
Culture Literacy를 키우기 위한 〈문화예술교육 지원법〉이 제정되었고
이를 주도적으로 실행해나갈 기관으로서 한국문화예술교육진흥
원이 만들어졌다. 문화예술 교육은 단순히 문화예술을 향유할 기
회를 주는 것에 만족하지 않고 향유의 방법을 가르친다는 점에서
훨씬 근본적이다. 교육을 통해 예술을 즐기는 방법을 배운 사람은
좀 더 적극적으로 문화예술을 찾고 즐길 수 있을 것이다.

10대를 위한 문화예술 교육만큼, 고령자의 문화 향유 격차
를 줄이려는 노력도 중요하다. 2016년 문화향수 실태조사의 연령
별 문화예술 행사 관람률을 보면, 10대가 96.4%로 가장 높았고,
40대도 85.7%에 이르렀다. 이에 반해 60대는 55.7%, 70세 이상은
39.4%로 다른 연령대에 비해 아주 낮은 수준이었다. 우리나라는
2026년 65세 이상 인구가 전체 인구의 20%를 넘는 초고령사회로
접어들 예정이다. 하지만 노인 복지는 여전히 미흡한 수준이며, 노
인 자살율도 OECD 평균 대비 3배나 높은 편으로 고령자에 대한
사회적 배려가 시급한 상황이다.

초고령사회 문화 정책은 고령자의 세대별 요구와 특성에 맞
게 문화예술의 공적 서비스를 확충하는 방향으로 계획되어야 한
다. 영국은 고령자에 대한 문화예술 교육 프로그램을 활발하게 지
원하고 있다. 그것을 '창의적 나이 듦'으로 명명할 수 있을 것이다.
문화예술과 함께 창의적으로 나이 든다면, 그렇지 않은 경우보다

정신적 건강과 신체적 건강을 비교적 잘 유지할 수 있다.

문화복지, 문화국가의 조건

문화복지의 효과는 국민의 행복도와 인간다운 삶을 보장하는 데 한정되지 않는다. 문화복지에 따른 국민의 창의성 개발은 새로운 사회경제적 혁신 동력으로 경제적 가치를 창출할 수 있다. 사회 통합뿐 아니라 경제적 이윤을 창출한다는 점에서 문화복지는 '능동적 복지'이다.

인공지능과 기계화의 영향으로 고용 없이도 성장이 지속되는 시대에 기업의 일자리 창출 효과에는 한계가 있을 수밖에 없다. 앞으로는 공공 영역, 사회적 일자리를 통해 고용을 창출하고 가처분 소득과 소비를 늘리는 전략을 써야 한다. 문화예술 영역은 산업화하기 어렵기 때문에 사회적 일자리를 만들기 좋다. 엘 시스테마가 국가적 지원으로 성장하는 동안 음악을 전공한 젊은이들이 엘 시스테마의 음악 선생님이라는 일자리를 얻을 수 있었다. 문화복지가 확대되면, 문화 공공서비스와 관련된 사회적 일자리가 생기고, 사회적 기업이 생겨나게 된다. 사회적 경제social economy가 창출되는 것이다. 문화복지가 일으키는 또 하나의 긍정적 효과다.

문화복지는 건강한 문화예술 생태계를 만드는 데 기여한다. 문화예술 생태계는 생산, 유통, 소비의 구조로 이루어져 있다. 따라서 단순히 생산을 지원하는 것만으로 건강한 문화예술 생태계를 유지할 수 없다. 문화예술을 소비할 소비자를 길러내는 것이 문화복지 정책의 역할이다. 앞으로의 문화복지 정책은 예술가를 지원하는 공급자 중심의 정책을 보완하여 더 강한 문화예술 생태계를 만들기 위해 노력해야 한다.

문화복지를 위해서는 국가의 부단한 관심과 노력이 절대적으로 중요하다. 하지만 이를 위한 시민들의 헌신과 기여도 필요하다. 모든 복지에 돈이 들어간다는 것은 주지의 사실이다. 문화복지를 확대하려면 재원이 확보되어야 한다. 영국은 복권기금Big Lottery Fund을 만들어 예술, 문화유산, 자선 등의 분야에 투자하고 있다. 기금 재원이 마땅치 않은 경우 영국처럼 새로운 세원 발굴을 해야 한다. 대다수 시민들은 복지 확대에는 찬성하지만 새로운 세원 발굴 등 증세에는 주저한다. 그 사이에서 '증세 없는 복지'라는 유령이 떠돌기도 했다.

OECD가 발표한 '2014~2016 OECD 국가 조세 수입 현황'에 따르면 2014년 기준 국민총생산GDP 대비 조세 비율 최상위 국가는 덴마크(50.9%)이고, 그다음으로 프랑스(45.2%), 벨기에(44.7%) 순이었다. 이에 비해 미국과 한국의 조세 비율은 각각 26%, 24.6%로 매우 낮은 수준이다. 2013년 기준 OECD 국가별 비교 자료에 따르면 국민총생산 대비 공적 사회보장비 지출 비중 또한 한국은 10.1%로 프랑스 31.7%, 스웨덴 27.8%, 덴마크 31.5%, 미국 19.1%보다 낮았다. 우리나라의 사회복지 지출은 OECD 회원국 평균인

22%의 약 50% 수준이다.

세금은 내가 보다 편안한 삶을 유지하고 보호받기 위해 반드시 지불해야 할 돈이다. 우리의 경제 규모는 세계 11위로 이미 선진국 대열에 들어서 있다. 문화복지를 위해 높아진 세금은 '정부에 빼앗기는 것'이 아니라 '타인과 나누는 행위'라고 생각해야 한다. 문화복지는 일종의 문화에 관한 사회보험이다. 시민 한 사람 한 사람이 십시일반 다 함께 사회보험을 공동으로 구입하는 것이다. 나의 나눔으로 내 이웃과 함께 예술이 주는 감동을 경험할 수 있다.

문화복지는 개인의 삶을 서로 긴밀하게 연결하여, '문화적 차별', '문화적 무지'라는 위험에 노출된 개인의 삶을 구제한다는 점에서 '행복한 연대'이다. 행복한 연대로 가는 길에 우리의 헌신이 필요하다. 시민들이 그러한 일에 기꺼이 자신이 가진 것을 나눌 수 있을 때, 진정한 '문화국가'의 시대가 열릴 것이다.

문화가 살아
숨 쉬는 도시

아비뇽은 중세의 역사적 유산을 갖고 있는 남 프랑스의 도시이다. 해마다 7월이면 이 도시로 전 세계 연극 마니아들이 구름처럼 몰려든다. 아비뇽 페스티벌이 열리기 때문이다. 아비뇽 페스티벌을 만든 사람은 연극 연출가 장 발라르Jean Vilar이다. 발라르는 1947년 아비뇽 교황청 정원에서 셰익스피어의 〈리처드 2세〉 등 세 편의 연극을 연출했는데, 이것이 큰 호응을 얻어 페스티벌로 이어졌다.

아비뇽 페스티벌은 연극에서 시작되었지만 뮤지컬, 현대음악, 무용 등 다양한 분야로 확장되었고, 그 결과 아비뇽 시민들은 파리 시민들 못지않은 문화적 혜택을 누릴 수 있게 되었다. 또한 페스티벌은 아비뇽 시에 새로운 경제적 활력을 불어넣으며 시가 경제적 자립을 이룰 수 있게 도왔다. 아비뇽 페스티벌이 시작된 지 70여 년이 흐르는 동안 아비뇽 시는 문화분권과 문화도시의 상징이 되었다.

　도시의 경쟁력은 기본적으로 도시 기반 시설이 갖추어져 있고 주거, 교육, 자연 환경이 잘 조성되어 있을 때 확보된다. 하지만 그것만으로는 다른 도시와의 경쟁에서 특별한 우위를 점하기 힘들다. 아비뇽의 예에서처럼 도시민의 삶의 질을 높여줄 '문화적 요소'가 더해질 때 비로소 도시는 특별해진다. 이처럼 문화적 요소가 풍부한 도시를 '문화도시'라 부른다.

　1985년 유럽연합은 유럽 국가 간 문화교류를 촉진시킨다는 취지로 유럽 문화도시European City of Culture 프로그램을 만들었다. 매년 유럽연합 회원국 도시 중 한 곳을 선정하여, 1년에 걸쳐 집중적으로 문화행사를 전개한다. 1985년 그리스의 아테네가 최초의 유럽 문화도시로 지정되었고, 1986년에는 피렌체, 1987년 암스테르담 등이 그 뒤를 이었다. 그렇게 선정된 문화도시 중 도시 재생과 관련하여 주목할 곳이 영국의 글래스고이다.

　스코틀랜드 최대 도시로 조선업과 중공업이 융성했던 글래스고는 1980년대 산업구조의 변화로 점차 일자리가 줄어들면서 도시가 쇠락하고 인구가 감소하는 위기에 봉착했다. 이에 글래스고 시는 지역 경제의 부진을 타개하기 위해 대대적인 도시 마케팅 사업을 벌였다. 다양한 축제를 개최하고 박물관 등 도시의 매력 요소를 발굴하여 관광을 활성화했다. 예술과 문화에 초점을 맞추고 관광을 결합하는 방식으로 도시를 재조직한 것이다. 버려진 공장과 조선소, 창고가 미술관과 공연장, 레스토랑으로 변신했다.

2004년 도시 마케팅에 사용된 슬로건 '품격 있는 글래스고Glasgow : Scotland with Style'와 캐치프레이즈 '사람이 글래스고를 만든다People make Glasgow'는 현실이 되었다. 세계인을 관광객으로 맞이하게 된 글래스고는 영국 창조산업의 중심지로 부상했고 도시 재생과 도시 마케팅 개념을 적용한 최초의 문화도시로 각광받았다. 이처럼 문화도시는 후기산업 시대 전통적 제조업이 쇠퇴한 도시를 재생시키는 중요한 대안으로 급부상하고 있다.

문화도시를 만드는 창조계급

문화국가가 꿈꾸는 문화도시는 문화적 활동이 활발한 도시이다. 즉, 작지만 독자적인 문화예술을 가지고 내적 발전을 통해 새로운 산업을 창출할 수 있는 도시다. 이러한 도시의 예로 주목받는 곳이 이탈리아의 볼로냐이다. 일본의 문화도시 연구가 사사키 마사유키佐々木雅幸는 《창조하는 도시 : 사람·문화·산업의 미래》에서 볼로냐를 문화와 복지 분야에서 협동조합, 비영리 조직과의 연계를 통해 주민의 자발성과 창조성을 고양하여 이탈리아의 재정 위기를 창조적으로 극복하고, 분권적 복지사회에 대한 전망을 보여주는 도시로 소개하고 있다. 미국의 유명한 도시 연구가 제인 제이컵스Jane Jacobs도 볼로냐를 '창조도시'의 전형으로 꼽았다. 이들은 경쟁력 있는 볼로냐를 만들어낸 원동력으로 문화예술 활동과 이를 담당하는 문화 인력에 주목했다. 또 다른 미국의 도시 연구가 리처드 플로리다Richard Florida는 이러한 문화적 인적 자원을 '창조계급Creative Class'이라 불렀고, 이들이 몰리는 도시는 다양성, 개방성, 쾌적성이 뛰어난 곳으로 경제도 발전한다고 주장했다.

우리나라도 2000년 이후 중앙과 지방에서 '문화도시' 정책이 유행했다. 부산 영상산업도시, 부천 만화영상산업도시, 경주 역사문화도시, 광주 아시아문화중심도시가 그러한 정책의 결과다. 문화도시는 역사문화도시이건, 문화중심도시이건 공간의 구조와 지역의 특성에서 문화적 품격이 느껴지고 시민이 문화적 삶을 향유한다는 공통점이 있다. 국회는 2004년 경주, 부여, 공주, 익산 등과 같이 역사적 문화환경을 가지고 있는 도시를 보호하고 전승하기 위한 〈고도 보존 및 육성에 관한 특별법〉을, 2006년에는 광주를 문화도시로 지정하여 육성하기 위한 〈아시아문화중심도시 조성에 관한 특별법〉을 제정했다.

그러나 지방 도시가 명실상부한 문화도시로 도약하는 데는 극복해야 할 문제가 있다. 중앙정부 중심의 지역 문화 진흥 체계가 그것이다. 지금까지 지역 문화 진흥은 중앙정부가 예산을 틀어쥐고, 자신들의 입장에서 계획을 세워 진행해왔다. 정부 주도의 문화 정책은 지역 문화의 자생력을 위축시키고 지방에서 일해야 할 인력을 중앙으로 끌어들인다. 역사문화도시의 문화재를 보호하고 가꾸어낼 인력들, 문화중심도시의 문화 프로그램을 운영해낼 인력들이 그렇게 자신이 몸담고 살던 지역을 떠났다. 공동화된 지방

4부　　　　문화국가로 가는 길

도시에서 창조계급을 찾기 어려운 것은 당연한 일이다. 문화도시의 성공은 우선 떠나간 문화예술 인력들이 돌아올 수 있는 도시를 만드는 데 달려 있다.

지방분권 시대의 문화분권

특색 있는 지역 문화도시를 만들기 위해서는 적극적인 문화분권 정책이 필요하다. 문화분권 정책은 중앙 집중적인 문화 구조를 분산시켜 지역이 가진 특색 있는 고유문화를 발전시키려는 노력을 포함한다. 중앙정부는 박물관, 미술관, 도서관 등 중앙에 집중된 문화 시설이나 행사를 지방 도시로 분산하고 예산과 권한을 지자체로 이양함으로써 지방 도시의 역량 강화를 도모해야 한다. 중앙정부가 과감하게 권한을 위임하여 지역의 자기결정권을 높이면 지역에서 자란 문화 인재들이 중앙에 오지 않고 그 지역에 남아 문화적 실험을 계속할 수 있게 될 것이다.

　미국의 도시 연구가 루이스 멈포드Lewis Mumford는 도시 문화에 대해 "궁극적으로는 고도한 사회적 표명으로서의 생활 문화"라고 말했다. 도시를 만드는 일은 가장 풍부한 인간의 문화와 가장 충실한 인간의 생활을 유지할 수 있는 공간을 만드는 것이다. 문화는 삶이며 삶은 내가 살고 있는 지역에 기초한다. 지방분권 시대, 문화분권은 각 지방 도시마다 독특한 문화가 형성되는 것으로 결실을 맺는다. 각 지역의 문화 정체성 확립이 중요한 이유는 그 것이 민주주의 실현과 문화다양성 보호의 보루이기 때문이다. 문 화국가는 도시에 문화재나 시설 중심의 볼거리를 제공하여 관광 객을 끌어모으는 일보다 도시민의 문화적 삶의 질을 고양하는 데 관심을 기울여야 한다.

시민이 자발적으로 도시의 역사와 문화를 만들어가고, 나아 가 민주주의와 사회복지가 충분히 갖추어졌을 때 문화도시는 완 성된다. 문화도시를 만드는 작업은 중앙정부, 지방정부가 독점해 서는 성공할 수 없다. 시민공동체가 스스로 왕성하게 문화적, 창조 적 활동을 할 수 있을 때, 기업이 문화 인프라의 경제적 중요성에 눈떠 투자하고 관심을 가질 때, 지역에서 나고 자란 청년들이 자신 의 지식과 아이디어를 효과적으로 결집시킬 수 있을 때, 지역의 개 성을 드러내는 도시가 만들어진다.

지역민들이 중심이 되어 도시를 대표하는 문화 자산을 만든 곳이 있다. 부산의 감천마을이다. 감천마을은 1950년대 6·25 피난 민들이 하나둘 모여들어 삶의 터전을 이룬 곳으로 산자락에 따닥 따닥 붙어서 취락이 형성된, 부산의 낙후한 달동네였다. 그런데 이 곳이 지금은 연간 180만 명(2016년 기준)이 다녀가는 관광 명소로 변신했다. 마을 입구와 골목길에는 상권이 형성되어 마을 사람들 의 일자리가 되고 있다. 감천마을이 이렇게 되기까지는 '아트 팩토 리 인 다대포' 등의 예술가 그룹들의 노력이 있었다. 이들은 감천 의 문화자산을 조사하고 2009년부터 '꿈을 꾸는 부산의 마추피추'

라는 프로젝트로 문화자산 보존과 마을 재생을 위한 공공미술 작품을 설치했다. 이들의 노력에 마을 주민들과 공무원도 합심했다. 이렇게 산동네 감천마을은 골목골목마다 문화와 예술이 숨 쉬고, 브랜드와 경제적 가치를 담은 감천문화마을로 재탄생했다.

문화도시를 만들기 위한 노력들은 지역 문화예술 정책 속에 구체적으로 실현될 수 있어야 한다. 그리고 문화의 가치를 옹호하기 위한 노력이 전국 방방곡곡에서 동시에 이루어져야 한다. 브나로드vnarod, 러시아 말로 '민중 속으로'라는 뜻이다. 1874년 러시아의 많은 학생들이 각 지역 농촌으로 가서 계몽운동을 벌였다. 우리나라도 일제강점기인 1930년대 많은 청년들이 한국판 브나로드 운동을 펼쳤다. 이제 우리 시대 브나로드 운동이 시작되야 한다. 문화예술을 꿈꾸는 청년들이 각 지역 현장으로 달려가, 지역 특성에 맞는 문화적 모델을 만들어낼 수 있는 여건이 만들어지길 바란다.

샤프카를 쓴
사나이를 다시
볼 수 있을까

1948년 분단 이후 남북 관계는 정부의 정책 기조와 대통령의 통치 철학, 의지에 따라 변화에 변화를 거듭해왔다. 예술, 학술, 체육, 종교, 언론, 출판에서의 남북 문화 교류 또한 그러했다. 김대중, 노무현 대통령 시절에는 남과 북 사이의 문화 교류가 활발했지만 2008년 정권이 바뀌면서는 냉랭한 바람이 불기 시작했다. 그러한 때에 남쪽의 한 시인이 개성공단에서 북한 조선노동당원을 만났고, 그 경험과 소회를 한 편의 시로 남겼다. 신동호 시인의 〈색동저고리〉가 바로 그 시이다.

'조선노동당원의 어깨를 부여잡고 / 언제 또 만나냐고 묻자 / 대답 대신 바람이 불었다.' 이 시에서 추운 겨울 러시아 샤프카를 쓰고 나타난 조선노동당원은 그냥 시인이 보고 싶어서 만남을 청했다 한다. 그렇게 만난 남한의 시인과 북한의 조선노동당원은 낮부터 넥타이를 풀고 송악소주를 마셨고, 동요 〈색동저고리〉를 함께 부르며 분단의 역사와 체제를 뛰어넘어 한민족으로서의 정서적 공감대를 확인했다. 이것이 남과 북을 하나로 만드는 문화의 힘이다. 문화를 통해 민족적 동질성을 회복하면 그 힘으로 평화통일의 기반을 차곡차곡 쌓을 수 있다. 통일을 염원하는 우리 사회가 남북 문화 교류에 주목해야 하는 이유다.

신동호 시인은 남북 사이 화해와 협력의 분위기가 무르익던 시절, 2005년부터 '남북경제문화협력재단'에서 남북 저작권 협력 사업을 이끈 장본인이기도 하다. 2003년 북한이 저작권 국제조약인 〈베른협약〉에 가입하면서, 북한 저작물에 대한 남한 출판계의 관심이 높아졌다. 남한에서 북한의 저작물을 이용하려면 북한 저작물 관리를 대리 중개하는 단체로부터 사용 허락을 받고 이용료를 지불해야 한다. 북한의 저작권 사무국으로부터 저작권 위임을 받은 국내 단체가 바로 남북경제문화협력재단이다. 이곳을 통해 북한의 작가 벽초 홍명희의 소설 《임꺽정》에 대한 20여 년 간의 저작권료가 북한에 지불되었고, 북한과 계약된 책들이 국내에 속속 출간되었다.

그러나 이러한 분위기는 오래가지 못했다. 2008년 금강산에서 우리나라 관광객이 피격을 당하는 사건이 벌어지고, 2010년 천안함이 침몰하면서 남북 관계는 급속히 경색되었다. 이명박 정부가 북한에 대한 제재 조치로 현금 지원과 투자를 금지하는 '5·24 대북조치'를 발표하면서 저작물 교류도 줄어들고, 저작권 이용료

4부   문화국가로 가는 길

에 대한 대북 송금 조치도 중단되었다. 남북 문화 교류는 남북 사이의 정치·군사적 관계 변화에 따라 부침을 거듭하는 '종속변수'처럼 움직여왔다. 이러한 구조에서는 남과 북 사이에 화해 분위기가 조성될 때에만 시인은 샤프카를 쓴 조선노동당원을 다시 만날 수 있을 것이다.

남북의 문화 교류

역사적으로 남한과 북한의 문화 교류는 1985년 이산가족 고향 방문 당시 부대 행사로 치러진 예술 공연단 교환 공연에서 시작되었다. 분단 40년 만의 일이었다. 남한의 가수 김정구가 평양 대극장 무대에서 〈눈물 젖은 두만강〉을 불렀고, 북한의 무용가 김명득이 서울 국립극장에서 춤을 추었다. 1987년 민주항쟁 이후 탄생한 노태우 정부는 보수 정부라는 한계에도 불구하고 공산권 국가들과 수교를 맺는 등 북방 외교 정책을 추진했다. 1991년 변화된 환경 속에서 남과 북이 동시에 유엔에 가입했고, 남북한 상호 체제 인정과 상호 불가침, 남북한 교류 및 협력 확대를 담은 〈남북기본합의서〉를 채택했다.

〈남북기본합의서〉는 남북 문화 교류의 물꼬를 텄다. 이를 바탕으로 김대중·노무현 정부 시절 다양한 남북 문화 교류가 이루어졌다. 그러나 남북의 문화 교류는 제도화된 채널이 없어 늘 불안정했다. 남한의 이명박·박근혜 정부는 남북 관계를 개선할 실마리를 찾지 못했고, 북한은 김정은 국무위원회 위원장 체제로 이행하면서 핵과 미사일 등 강한 군사력을 과시함으로써 대미 관계를 돌파하려 했다. 남북 간에 정치·군사적 관계가 경색되자 남북 문화 교류도 거의 단절되었다. 그 와중에도 2005년 남북의 언어 이질화를 극복하고 언어 체계를 통합 정비하기 위해 시작된 '겨레말큰사전 남북공동편찬사업'이 2008년에도 양측 간 만남을 이어가는 등 명맥을 유지했다. 하지만 이는 당시 분위기 속에서 극히 예외적 현상이었고 사업 규모도 그리 크지 않았다. 지난 역사를 되돌아볼 때, 앞으로의 남북 문화 교류는 무엇보다 정치·군사적 관계로부터 독립하여, 스스로 자율성을 갖고 안정되게 운영될 수 있는 구조를 만들어내는 것이 중요하다.

통일의 단계는 적대적 대결 단계, 화해·협력 단계, 남북연합 단계, 통일국가 제도 통합 단계, 통일 이후 사회 통합 단계로 이어진다. 통일 이전 남과 북 사이의 문화 교류를 이어가는 것 못지않게 통일 과정과 그 이후 진정성 있는 남북 문화공동체 형성을 위해 문화를 어떤 방향으로 이끌어 가야 할지 논의하는 것도 중요하다. 통일이 되면 통일헌법이 마련될 것이다. 헌법 안에 문화 관련 조항을 어떻게 규정할 것이며, 남북한 문화 행정 체계를 어떻게 통일된 기준을 갖고 정비할 것인지, 서로 다른 기본법령 체계를 어떻게 통합할 것인지와 같은 문제들을 생각해야 한다. 이런 점에서 우리에 앞서 통일을 경험한 동독과 서독의 사례는 눈여겨볼 만하다.

동서독의 문화 교류

1990년 8월 31일 동독과 서독은 통일조약을 체결했다. 이 조약의 조항 중 제35조는 문화에 관한 사항을 규정하고 있는데, 혼란한 시기 문화재에 대한 훼손이 일어나지 않도록 조치를 취하고 새로 편입된 지역 정부에서 문화예술의 보호와 재원 조달을 보장하도록 규정하고 있다. 이 조항에서 눈여겨볼 것은 예술과 문화가 동독과 서독의 상이한 발전에도 불구하고 독일 민족의 통일성을 지속적으로 담보해주는 바탕이 되었다고 언급하는 부분이다. 또 통일 독일의 위상이 유럽 국가들 내에서 정치적 비중이나 경제력 못지않게 문화국가로서의 성취 정도에 달려 있다고 본 부분도 중요하다. 문화국가 개념을 창시한 독일답게 통일조약에서도 독일이 문화국가로서의 지향성을 잃지 않도록 그 중요성을 명시하고 있는 것이다.

독일인들에게 통일은 벼락같이 왔지만, 통일을 이루어가는 과정은 지난했다. 독일의 통일은 서독 총리 빌리 브란트의 신동방 정책에서 시작되었다. 신동방 정책 이후 서독은 동독과 1970년 우편협정, 1971년 베를린협정, 1972년 통행협정, 1972년 기본조약, 1974년 체육보건협정, 1986년 문화협정, 1987년 과학기술협정과 방송협정을 체결했다. 1972년 기본조약이 체결되었고 1973년 문화협상이 시작되었지만 동서독 간에 '문화협정'은 1986년 5월에서야 체결되었다. 이는 동독이 서독 문화의 침투가 사회주의 체제 유지에 역작용을 일으킬 것이라 우려했기 때문이다.

동독은 서독과의 문화적 공통성을 부인하며 사회주의 문화의 독창성을 내세웠다. 그런 동독이 서독과의 문화협정에 나선 데에는 교류 제한으로 인한 동독 문화예술인들의 불만이 팽배해 있었고 협정 체결로 동독의 문화 수준을 서독인들에게 과시할 수 있으리라 판단했기 때문이었다. 1980년대 초 동독 경제가 침체 국면에 들어갔기 때문에 교류 협력을 통해 얻어지는 경제적 이익에 동독 측이 관심을 가진 측면도 있다.

문화협정은 문화의 범위를 넓게 해석하여 연극, 문화, 음악뿐 아니라 교육, 학문, 출판, 도서관, 체육, 청소년 분야까지 확대했다. 재미있는 것은 동독과 서독이 문화협정의 구체적 실천을 위해 1988년부터 89년까지 2년간 사업 계획을 작성키로 한 것이다. 전시회나 방문 공연, 학술 교류 등 22개 프로젝트가 진행되었다. '체육협정'은 1974년에 체결되었는데, 우수한 성적의 동독 출신 운동선수들이 동독인에게 자긍심을 주고 대외적으로는 동독의 우월성을 선전하는 도구로 활용되어서 비교적 일찍 체결될 수 있었다. 특히 출판 교류는 '장벽 속의 구멍' 역할을 해 동서독 주민들 간 공감대 형성에 기여했다. 통일 이후 첫 10년 동안 가장 집중되었던 분야는 구동독 지역 문화유산 복구와 문화 기반을 마련하는 것이었다. 이때 진행된 '문화 등대 프로젝트'는 동독 지역의 국보급 문화재를 복원하는 프로젝트로 2004년까지 이어졌다.

동서독 간의 문화 교류는 통일 전 이미 활발히 진행되었다. 문화 교류와 문화 통합은 의식, 가치관, 정서, 정체성, 가치의 통합인

점에서 법, 제도, 체계의 통합인 정치 통합보다 어렵다. 또한 급작스러운 통일, 특히 서독 주도의 흡수 통합으로 이루어진 통일은 다른 한쪽에 대한 차별이 강력해지는 전환적 시기를 맞을 수밖에 없었다. 차별적 언어인 오씨Ossis와 베씨Wessi가 그 예이다. 서독 사람들은 가난한 동독인을 폄하하는 마음을 담아 오씨라 불렀고, 서독 사람들은 거만한 서독인을 빈정거리는 마음을 담아 베씨라 불렀다. 그러나 2015년 독일 통일 25주년을 맞아 진행된 여론조사 업체 인프라테스트디맵Infratest-dimap 조사에 따르면 응답자의 73%가 통일이 성공적이라고 평했으며 오씨와 베씨 등의 지역 구분 표현이 전보다 줄었다고 했다. 이 같은 결과는 독일 사회의 정치적 통일이 문화적, 정서적 통일로 안정적으로 이행해가고 있다는 증거라고 볼 수 있다.

〈남북기본합의서〉 채택

남북 교류의 역사에서 중요한 분기점이 된 사건은 단연 1991년 〈남북기본합의서〉의 채택이다. 1991년 채택된 〈남북기본합의서〉 제3장 제15조에서 23조까지는 남북 교류 협력에 대한 내용으로, 남북한이 끊어진 철도와 도로를 연결해 해로와 항로를 만들고, 이산가족 상봉과 방문, 자유로운 서신 왕래를 촉진하고, 서로 재결합을 원할 경우 자유의사에 의해 그 결합을 실현시킬 수 있는 대책을 강구하라고 되어 있다. 특히 제16조 "남과 북은 과학, 기술, 교육, 문화예술, 보건, 체육, 환경과 신문, 라디오, 텔레비전 및 출판물을 비롯한 출판 보도 등 여러 분야에서 교류와 협력을 실시한다"와 제21조 "국제무대에서 경제와 문화 등 여러 분야에서 서로 협력하며 대외에 공동으로 진출한다"는 문화 교류의 근거 조항이다.

제22조는 〈남북기본합의서〉의 이행과 준수를 위한 후속 조치에 관한 규정으로서, 합의 이행을 위해 합의서 발효 후 3개월 안에 '남북 경제교류협력 공동위원회'를 비롯한 부문별 공동위원회를 구성·운영한다는 내용을 담고 있다. 남북 교류 협력의 이행과 준수를 위한 부속 합의서 제2장(사회문화교류협력) 제13조와 14조에 따르면 '남북 사회문화교류협력 공동위원회'를 설치하도록 규정하고 있다. 이에 대해서는 2001년 문화부 장관(김한길) 방북 회담에서 〈문화 분야 교류 합의서〉를 체결하고, 문화부 장관 회담 정례화에 합의했지만 그 이상의 진전은 없었다.

문화 교류는 체제 변화와 관계없이 쉽게 가능할 것이라고 낙관하는 사람들이 있다. 문화는 남북 간 우열이 있을 수 없어 평등한 관계에서 시작할 수 있기에 다른 교류보다 가볍게 갈 수 있다는 것이다. 그러나 문화는 메시지이기에 이념의 최전선에 있다. 특히 북한처럼 가치관의 통일을 통해 체제를 유지해온 폐쇄적 사회라면 다른 사회와의 문화 교류는 쉽게 내릴 수 없는 결정이다. 그러니 최대한 서로의 체제와 의견을 존중해야 한다. 북한 사람들을 계몽하겠다는 태도를 버리고 개방주의적이고 세계화된 마인드를 보여야 한다.

그런 점에서 남북 간 교류에서는 정부 간 교류 협력보다 민간 차원의 교류가 덜 위협적일 수 있다. 독일의 문화협정에서도 이를 분명히 한 바 있다. 독일의 문학 단체인 펜PEN 클럽은 1961년부터 함부르크에서 양독 작가회의를 소집하여 민간 차원의 교류의 장을 지속적으로 만들어갔다. 그 결과 1963년 서독의 문학상인 하인리히 만 상을 동독의 소설가 크리스타 볼프Christa Wolf가 수상했다. 크리스타 볼프는 귄터 그라스Gunter Grass와 더불어 전후 독일 문학을 대표하는 작가였다. 수상작인 볼프의 소설《나누어진 하늘Der geteilte Himmel》은 베를린 장벽이 세워지던 시절, 사랑하는 연인과의 이별을 통해 분단을 고뇌하는 동독의 여성 사회주의자 리타의 이야기를 담고 있었다. 크리스타 볼프가 문학상을 수상할 수 있었던 것은 동독과 서독의 문학인들이 통일 이전부터 교류하면서 만나왔기 때문에 가능했다.

남북 교류가 활발하던 시절, 우리나라도 유사한 사례가 있었다. 2004년《황진이》를 쓴 북한 작가 홍석준이 처음으로 남한의 문학상인 만해문학상을 수상했다. 홍석준은 벽초 홍명희 선생의 손자이기도 했다. 이 시상식은 금강산 목란관에서 열려 작가 홍석준이 직접 수상하는 진풍경이 연출됐다. 앞으로도 북한 작가가 남한의 문학상을 수상하고, 남과 북 작가들이 1년에 한번 남북 작가대회를 꾸준히 열 수 있는 사회적 여건이 형성되었으면 한다.

남북 간 차이에 대한 존중

남과 북이 서로 만나 문화 통합을 해나가는 데 있어 가장 큰 전제
는 다양성의 인정이다. 타자의 타자성에 대해 인정할 수 있어야 하
고 남한과 북한의 상호 차이에 대한 인정과 존중을 기반으로 공동
의 가치와 연대성을 만들어낼 수 있어야 한다. 우리가 원하는 새로
운 통일국가는 분단으로 인한 갈등과 분쟁을 극복하고 새로운 체
제로의 출발이 되어야 하기 때문이다.

독일 통일 과정에서 당시 서독 문화계가 동독의 문화를 바라보
는 시선은 우리가 북한의 문화를 이해하고 새로운 남북 문화공동체
로 나아가는 데 도움이 된다. 2002년 출간된 동독 출신의 사회학자
볼프강 엥글러Wolfgang Engler의 책《아방가르드로서의 동독인Die Ostdeu
tschen als Avantgarde》은 당시 독일 사회에 큰 반향을 일으켰다. 제목이 암
시하듯, 이 책은 동독과 동독인을 새로운 미래 사회를 열어가는 아
방가르드로 묘사한다. 아방가르드는 미지의 문제와 대결하여 지금
까지의 예술을 변화시키는 혁명적 예술 경향이나 그 운동을 일컫는
다. 볼프강 엥글러가 주목한 것은, 동독이 지향했던 '연대'의 정신이
급속한 사회 변화에 능동적으로 대처할 수 있는 힘이 되고 새로운
미래를 여는 원동력이 될 것이라는 점이었다. 이러한 연대의 정신은
오랜 시간 자본주의 '경쟁' 문화에 익숙해진 서독 사회가 놓쳐온 가
치였다. 볼프강 엥글러는 새로운 독일 문화를 만들어내는 과정에 동
독 문화는 청산될 것이 아니라 새롭게 부활해야 한다고 주장했다.

남한의 문화에 비해 북한의 문화는 덜 감각적이고, 덜 세련되었으며, 덜 재미있을 것이다. 그러나 동독 문화가 아방가르드였던 것처럼, 북한의 문화예술이 지닌 어떤 점은 통일된 국가를 새로운 차원으로 이끌고 나아갈 수 있는 아방가르드가 될 수 있다. 우리 세대는 남과 북의 문화가 갖는 이러한 장단점을 인정하는 데서 출발하여, 미래 사회를 이끌어 나갈 새로운 문화 가치를 만들어낼 수 있어야 한다.

통일은 분단 이전으로 원상회복하는 것도, 남과 북이 단순히 재결합하는 것도 아니다. 분단 이전 남과 북이 함께한 문화의 정수를 유지하면서도, 분단의 세월 속에서 변해온 남북의 문화적 변모와 새로운 시대가 요구하는 문화적 가치까지 담아내는, 새로운 남북 문화공동체로 이행해야 하는 일이다.

함석헌 선생은 "해방이 도둑처럼 찾아왔지만 해방 이후 어떻게 할 것인지 준비하지 않고 안에서 대립하고 반목했던 당시의 국내 상황이 한탄스러웠다"고 했다. 통일이 해방의 전철을 밟지 않기 위해서는 정치적 통일과 아울러 문화적, 정서적 통일을 위한 노력이 절실하다.

문화적 공감대 형성을 위한 교류는 1980년대부터 시작되었다. 1985년부터 남북 예술단이 남과 북을 상호방문했다. 1998년 리틀엔젤스 공연단이 평양에서 공연을 펼쳤고, 2000년 평양학생소년예술단이 남한을 방문했다. 2001년 가수 김연자 씨가 북한에서 두 차례 공연을 했고, 김정일 국방위원장이 공연을 관람해 화제가 됐다. 그러나 이러한 노력은 남북 해빙기에 반짝했다 남북 경색기에 사라지는 '일회성 이벤트'로 남을 가능성이 크다. 통일은 하나의 국가 단위 위에서 생활의 차이, 의식의 차이, 사회·심리적 차이를 극복해 통일문화를 이룰 때 비로소 달성될 수 있다. 따라서 앞으로는 '문화 교류'에서 '문화 통합'으로 정책 기조를 전환해야 한다. 문화 교류가 단순히 인적·물적 상호 만남을 지속하여 상호 이해를 증진하는 것이라면, 문화 통합은 미래의 통일 비전을 향해 남북한 사이의 문화적 갈등과 차이를 적극적으로 해소해나가는 것이다.

연극 공동 제작이나 영화 기술 협력이 문화 통합의 유력한 방법이 될 수 있다. 남북의 연출가와 작가가 머리를 맞대고, 미국의 저술가 님 웨일스Nym Wales의 소설《아리랑》의 독립운동가 김산처럼, 남북이 모두 공감할 수 있는 역사적 인물의 일대기를 연극으로 만들어 남한의 국립극장과 평양의 인민대극장에 순회 공연을 하는 것이다. 북한의 영화를 만드는 데 남한의 기술을 지원하는 것도 시도해볼 만한다.

이 외에도 남과 북의 섞임을 통한 문화 통합을 위해서는 어떻게 흔들리지 않는 문화 통합의 자율성을 보장할 것인지 여러 방법을 강구해야 한다. 이를 위해서는 우선 대북 정책에서 문화 교류의 예외성을 인정하여 남북이 정치·군사적 긴장 국면에 돌입했을 때 문화 교류에 대한 영향을 최소화할 수 있는 남북 문화 당국자 간 상설 대화 채널이 만들어져야 한다. 2005년 국회에 제출되었다가 국회 임기 만료로 폐기된 남북 사회·문화 교류 진흥에 관한 법률

안도 다시 검토되어야 한다. 법률을 통해 남북한 문화 교류에 관한 지원 조직을 설립하고, 민간 교류 사업을 체계적으로 지원할 수 있다면, 남북 간 '문화 섞임'을 통해 민족의 동질성과 공동체 의식을 회복하는 것 또한 훨씬 수월해질 것이다.

나는 소망한다,
아름다운
문화국가를

2004년 월드컵 당시 우리는 '대한민국'의 함성으로 하나 되어 설렜다. 공유할 수 있는 꿈이 있을 때 우리는 하나가 된다. 우리 모두를 설레게 하는 꿈은 무엇일까? 세계에서 1인당 GNP가 가장 높은 잘사는 나라일까? 아니면 가난하지만 행복지수는 1위인 부탄 같은 나라일까?

2015년 화제가 되었던 영화 〈베테랑〉은 우리 사회에 뿌리박힌 갑을 관계에 경종을 울린 영화였다. 영화 속 형사 서도철의 아내는 명품 백 뇌물을 뿌리친 후 경찰서로 서도철을 찾아와 "잘살지는 못하더라도 쪽 팔리게 살지는 말자"고 소리친다. 영화는 물질 만능주의 시대에 돈과 대비되는 가치로서 '쪽'을 이야기한다. '쪽'은 얼굴을 속되게 이르는 말이지만 한 인간으로서 부끄럽지 않게 참되게 살겠다는 의지가 담긴 말이다. 그 누구도 예상치 못했던 '쪽'이라는 단어가 이 영화를 천만 명 이상 보게 만든 힘이었다. '쪽'은 품격, 국격이라는 의미로 확장된다. 한 나라의 품격을 의미하는 국격은 우리를 행복하게 한다. 품격, 국격은 이벤트나 이미지, 선전과 홍보로 높아지는 것이 아니다. 품격은 한 사회가 지향하는 의지적 행위의 산물이므로, 문화국가 실현을 통해 이루어진다.

백범의 문화국가론

문화국가의 가치를 표현한 글 중 최고의 글은 백범 김구의 '내가 원하는 나라'이다. '내가 원하는 나라'는《백범일지》중 자주독립 국가의 열망을 담은 '나의 소원' 편에 들어 있다. '내가 원하는 나라'의 첫 구절은 우리가 널리 알고 있는 그 구절이다. "나는 우리나라가 세계에서 가장 아름다운 나라가 되기를 원한다." 그리고 "오직 한없이 가지고 싶은 것은 높은 문화의 힘"이다. 국가의 이상에 대해 이처럼 선명한 선언이 있을까. 백범은 우리나라가 세계사의 중심이 될 수 있는 동력으로 문화국가를 제시한다. 백범이 제시한 '문화국가론'의 탁월성은 그가 꿈꾸었던 문화국가 속에 우리가 그동안 다룬 '문화국가론'의 특성들이 대부분 포함되어 있다는 데 있다. 민족성과 세계사적 보편성의 조화, 국가와 시민사회의 긴장 관계, 문화가 인류에 기여할 수 있는 힘이 그것이다. 문화국가에 대한 그의 이해는 시대를 뛰어넘는 사상가로서의 면모를 보여준다.

백범은 '아름다운 국가'의 내용을 다음과 같이 설명한다. 아름다운 국가는 세계 여러 나라를 힘으로 지배할 수 있는 강력한 국가일까, 아니면 세계의 부가 몰리는 부자 나라일까. 백범은 자신이 그런 나라를 원하는 게 아님을 문화국가와 비교하여 설명한다. "아름다운 국가는 남을 침략하는 제국주의나 부력을 기초로 하는 강대한 나라가 아니라 우리 자신과 남을 행복하게 하는 문화를 기초로 하는 국가"이다. 그리고 그러한 국가를 소망하는 이유는 "문화의 힘은 우리 자신을 행복하게 하고 나아가 남에게 행복을 주기 때문"이라고 밝힌다.

우리는 물질주의적 경제성장과 남북 대치 상황 속에서 부력과 군사적 강력을 요구하는 시대를 살고 있다. 그러나 백범은 "부력은 우리의 생활을 풍족히 할 만하고 강력은 남의 침략을 막을 만하면 족하다"고 했다. 대한민국의 부력과 강력은 지속적으로 성장해 왔다. 그리고 이에 대한 욕망은 끝 간 데 없이 가야 하는 것이 아니라 적절한 한계 내에서 작동되어야 한다는 것이 백범의 통찰이다.

백범은 문화가 민족뿐만 아니라 세계인들과 함께 공유할 수 있는 세계적 차원의 감성 자산임을 간파했다. 그의 문화국가는 국가라는 공간을 초월하는 세계사적 지향점을 갖고 있다. 우리 문화가 세계인으로서의 보편성을 확인할 수 있는 수준으로 나아가야 한다는 것이다. 우리는 한국의 흥, 신, 명이 어우러진 대중음악과 드라마로 전 세계인에게 기쁨과 행복을 주었다. 우리의 대중문화가 세계인의 사랑을 받는 것도 그 궁극적 지향이 경제적 이득이나 국가적 자부심의 표출에 있는 것이 아니라 문화로써 세계인들에게 행복을 준다는 차원에서 추구되었기 때문이다.

　백범은 문화국가를 만들기 위해 우리가 해야 할 일은 사상의 자유를 확보하고 국민 교육을 완비하는 것이라고 했다. 그것은 국가의 역할을 치안 유지에 한정하는 야경국가관이나, 국가 스스로 문화 가치의 주체가 되려고 하는 이른바 문화국가주의와는 다른 것이다. 현대 시민 헌법에서 파악하는 문화국가, 즉 문화적 활동에 대한 시민의 자유와 자율의 보장을 전제로 하여 보다 높은 문화 가치의 실현을 지향하는 국가를 의미하는 것이다. 백범의 문화국가론은 시민사회와 국가 사이의 긴장 관계를 내포하는 개념으로 이해할 필요가 있다. 윤리와 도덕적 가치의 실현을 중시하고 인격의 완성을 강조한다. 이는 우리 문화가 인격의 함양을 통해 궁극적으로 완수된다는 점을 이야기하고 있는 것이다.

백범이 꿈꾼 문화국가의 현대적 의미

백범이 꿈꾼 아름다운 문화국가를 실천하려면 우리 사회 속에서 문화국가의 이상을 전파할 수 있어야 한다. 백범이 꿈꾼 문화국가의 현대적 의미를 네 가지로 정리해보았다.

　첫째, 백범의 문화국가는 우리 자신을 행복하게 하고, 나아가 남에게 행복을 주는 문화의 힘을 믿는 나라이다. 대한민국은 일제강점기, 6·25 전쟁을 겪으며 폐허에서 일어선 나라이다. 일제강점기를 겪으면서 나라와 개인을 타국의 압제로부터 지켜줄 수 있는 군사적 강력을 염원했다. 전쟁의 폐허에서 일어나면서 경제적 부유함을 숭상했다. 경제개발의 역군이 되어야 했다. 그렇게 대한민국은 '한강의 기적'을 만들어내며 세계 경제 11위의 대국이 되었다. 그리고 이제는 군사적 강력, 경제적 부력도 아닌 다음 단계의 힘을 갈구하게 되었다. 그것이 바로 소프트 파워로서의 문화다. 문화의 핵심 가치는 공유하고 개방하고 함께하는 것이다. 문화가 있는 곳에는 긴장이 아닌 화해가, 충돌보다는 공존이 존재했다. 백범의 문화국가는 문화의 힘을 믿는 국가이다.

둘째, 백범의 문화국가는 통일문화를 만들어내는 나라이다. 수십 년의 분단의 세월 속에서 남과 북은 서로 다른 길을 걸었지만 예술과 문화는 한민족의 통일성을 지속적으로 담보해주는 바탕이 되었다. 전 세계의 문화는 지금 국경이 없이 여러 나라를 넘나들고 있다. 자본력과 기술력을 동시에 갖춘 외래문화의 공세 앞에 우리 문화의 정체성을 지켜낸다는 것은 쉽지 않은 일이다. 생각의 터전이 되는 말과 글은 더욱 그러하다. 통일 이후 남과 북의 문화 통합을 대비해서 말과 글뿐 아니라 우리 문화의 정수를 지킬 수 있는 나라가 되어야 한다.

여기서 유념할 것이 있다. 문화국가는 국수적이거나 배타적이지 않다는 것이다. 문화국가는 지구상의 다양한 민족과 국가는 각 사회가 조직되는 방식, 공유되는 도덕관념, 환경과 상호작용하는 과정에서 자신들만의 고유한 특징을 갖고 있음을 아는 나라이다. 다양한 문화공동체의 공존을 인정하며, 문화적 차이에 대해 관용할 수 있는 나라이다. 그리고 이러한 문화적 차이가 빚는 문화적 다양성이 우리 문화를 새롭게 하는 창조적 동력이 되고, 문화적 다양성이 인류 문화의 공동재산임을 이해하는 나라이다.

셋째, 문화국가는 문화적 삶에서 지역·연령·소득에 의한 차별이 없는 나라이다. 백범 선생은 '꽃을 꺾지 않는 자유'가 아니라 '꽃을 심는 자유'를 이야기했다. 단순히 국가로부터 예술을 자유롭게 하는 데 만족하는 나라가 아니라, 지역·연령·소득 등에 차별을 받지 않고 문화예술을 자유롭게 향유할 수 있도록 적극적으로 행동하는 나라이다. 이를 위해서는 문화 기회의 균등에서 한 발 더 나아가 문화의 접근에 근본적 제약이 있는 계층을 위한 실질적인 문화 기회 평등이 이루어져야 한다.

넷째, 백범의 문화국가는 사상의 자유가 보장되는 나라이다. 예술과 예술인의 가치가 존중받는 나라이다. 예술의 자유가 보장되는 나라는 블랙리스트가 없는 나라이다. 창의성과 다양성이 존중되는 나라이다. 생각이 다르다는 이유로 차별받지 않는 나라, 국가의 지원에서 배제되지 않는 나라이다. 국가의 문화 형성력을 믿되, 예술의 자유를 보장하려는 국가의 의무를 망각하지 않는 나라이다.

박근혜 정부 문화예술계에 불어닥친 블랙리스트 사건은 국가가 문화예술을 형성할 수 있다는 맹신과 권한의 남용에서 비롯되었다. 백범의 문화국가는 국가와 시민사회의 긴장을 전제로 한,

블랙리스트 너머의 나라이다. 블랙리스트를 넘어, 우리는 백범의 문화국가로 이행해야 한다. 문화국가로의 이행을 통해서만이 블랙리스트의 상처는 극복될 수 있다.

에필로그

헌법 제9조 개정을 위한 제언

우리는 이 책의 결론에서 백범 김구가 꿈꾼 문화국가를 현대적 의미로 해석해보았다. 우리가 지향해야 할 문화국가는 우리 자신을 행복하게 하고, 나아가 남에게 행복을 주는 문화의 힘을 믿는 나라, 통일문화를 준비하고 대비하는 나라, 모든 국민이 문화적 삶을 영위하는 데 차별이 없는 나라, 예술의 자유와 예술가의 권리가 존중받는 나라여야 한다. 이러한 나라가 만들어지기 위해서는 시민 개개인과 시민사회, 예술가의 역할도 중요하지만 이들에게 동기를 부여하고 지원하는 국가의 역할이 무엇보다 중요하다.

문화국가를 향한 국가의 역할은 헌법 조항을 통해 구체화된다. 헌법은 우리 국민이 지향하는 근본적이고 핵심적인 가치를 규정한 최고 규범이다. 현재 우리 헌법은 제9조에서 "국가는 전통문화의 계승·발전과 민족문화의 창달에 노력하여야 한다"고 선언하며 국가의 문화 진흥 의무를 명시하고 있다. 1980년 제5공화국 헌법에 처음 들어간 이 조항은 입헌론적으로 아무런 논의 없이 갑자기 신설된 것으로 정통성 없는 군사정권이 장식적 의도로 삽입한 조항이라는 의심을 받아왔다. 내용에 있어서는 전통문화와 민족문화를 명시하여 국가의 전반적인 문화 진흥 의무를 제한하고 있다는 점과 국제적 흐름인 문화다양성에 배치되는 조항이라는 비판도 있다. 과도한 문구 해석과 관련하여 문화 개입의 폐해를 초래할 수 있다는 점 또한 많은 헌법학자들이 지적해온 바이다.

최근 정치권과 정부에서 현행 헌법을 개정하려는 움직임이 일어나고 있다. 현행 헌법은 1987년 민주항쟁의 산물로, 개정된 지 30년의 시간이 흘러 우리 헌정사상 가장 오랜 기간 유지된 헌법이다. 현재 국회는 헌법개정특별위원회를 구성하여 헌법 개정 작업을 진행 중이다. 이번 개정은 그동안 문화계와 헌법학계가 지적해온 헌법 제9조의 내용을 검토하여 새로운 문화국가 조항을 만들 좋은 기회다. 우리는 이 책을 마무리하며 헌법 제9조의 개정을 둘러싼 논의를 살피고 이에 대해 가능한 대안을 제시코자 한다.

헌법학자들 중에는 헌법 제9조의 삭제를 주장하는 이들이 있다. 이들은 문화국가라는 표현이 국가가 국민 생활을 고상하게 만든다는 명분으로 문화에 개입할 여지를 준다고 주장한다. 또 문화는 개인과 사회의 자율 영역이고 헌법 제22조에 예술의 자유 등 문화 관련 기본권 조항이 있어 굳이 이 조항을 둘 필요가 없다고 한다. 헌법학자, 정치학자, 사회학자 등 민간 주도로 시민사회 입장에서 헌법 논의를 지속해온 '대화문화아카데미'가 내놓은 '2016 새 헌법안'에는 이러한 이유로 현행 헌법 제9조가 삭제되어 있다.

그러나 국가의 문화 창달과 진흥 기능을 경시할 수는 없다. 세계화 이후 서양문화에 우리 문화가 잠식당하고 있는 상황에서 전통문화에 대한 보호와 보존을 개인이나 사회의 자율에만 맡길 수는 없기 때문이다. 문화적 정체성을 보존하는 것은 국가 유지의 중요한 사안이다. 특히 남과 북이 분단된 상황에서 민족적 동질성을 확보할 수 있는 문화 정체성에 대한 헌법적 고려는 반드시 필요하기 때문에 문화국가 조항은 존치되어야 한다. 또한 새로운 시대는 소프트 파워 시대로 문화의 힘이 국가 경쟁력을 가져오는바, 국가의 문화 조성 의무를 부과하는 조항을 유지해 문화국가 원리의 규범 지향성을 강화할 필요가 있다.

문화는 고이지 않고 흐른다. 현재의 문화는 과거의 문화와 다르다. 이러한 변화된 문화 지형과 시대정신을 반영하여 우리는 다음과 같은 헌법 제9조의 개정안을 제시하고자 한다. 그 내용은 "국가는 문화의 보호와 발전을 위하여 노력하여야 한다. 그러나 문화적 창조는 국가적 강제로부터 자유로워야 한다"이다. 우선 현행 헌법 제9조의 '전통문화'와 '민족문화'라는 용어를 삭제하고, 포괄적 의미의 '문화'라는 용어를 사용했다. 전통문화라는 용어는 사용하지 않았지만, 개정 조문의 '문화'는 말과 글을 포함해 우리를 다른 민족, 다른 국가와 구별 짓는 문화적 정체성을 담고 있다. 특히 전 세계 마지막 분단국가에서 남과 북은 다른 정치 체제를 취하고 있지만 말과 글 등 문화를 공유하고 있는바, 개정 조문의 '문화'는 남과 북의 민족적 동질성의 근간으로서 통일문화를 의미한다. 이로써 국가는 평화통일의 기반이 되고 문화적 통일, 정신적 통일의 요체가 되는 통일문화를 보호하고 발전시킬 의무를 부여받는다. 또한 우리의 '문화'는 문화 간 교류와 문화다양성이 새로운 창조적 문화 형성의 원동력임을 잊지 않는다.

그러나 문화를 보호하고 발전시킬 국가의 책무는 그 초점이 문화 그 자체에 있지 않고 문화가 생겨날 수 있는 문화 풍토와 문화 기반을 조성하는 데 두어야 한다. 이는 우리 헌법재판소 판례의 태도이기도 하다. 따라서 블랙리스트 사건과 같이 국가가 문화의 내용에 간섭하여 예술의 자유와 예술가의 문화적 창조성을 제약해서는 안 된다. 예술의 자유와 예술가의 창조성은 문화국가의 요체이다. 이에 대한 경계의 뜻을 담아, 헌법 제9조 후단에는 국가의 문화 조성의 한계를 밝히는 "문화적 창조는 국가적 강제로부터 자유로워야 한다"는 문구를 삽입하는 것이 좋다. 이는 문화가 스스로 창조하려는 데 국가가 강압을 행사해서는 안 된다는 뜻이며, 다른 측면에서 국가의 문화 조성은 문화 그 자체가 아닌 문화적 기반 조성에 있다는 취지이다.

한국 헌정사에서 개헌 논의는 정치권력자가 주도하는 정치 변혁에 초점을 두었고, 정치권의 이해득실에 따라 결정된 측면이 없지 않다. 하지만 2017년 광장을 밝힌 촛불로 정권을 교체하고 맞는 이번 개헌은 과거의 개헌 과정과는 질적으로 다른 과정을 거쳐야 한다. 근시안적인 정치적 목적으로 헌법 개정안을 마련할 것이 아니라, 공론의 장에서 국민이 직접 참여하여 적극적으로 의견을 개진하고 정치권이 이를 반영하는 방식으로 개정안을 마련해야 한다. 여기서 '국민' 공익에 긴장하여 타인을 배려하는 '시민'이어야 한다.

헌법 제9조 또한 공론의 장에서 다루어져야 한다. 시민들 속에서 문화의 가치와 문화의 힘이 토론되고 문화국가와 국가, 정부의 역할에 대한 논의가 활성화되어야 한다. 서로의 의견에 귀 기울이며 대화와 토론을 통해 헌법 제9조의 개정안을 만들어야 한다. 그렇게 헌법 제9조는 정통성 없는 군사정권이 개헌하면서 장식적 의도로 삽입한 조항이라는 의심에서 벗어나야 한다. 시민들의 오랜 숙의와 의견 수렴을 거쳐 새로운 문화국가 조항으로서 헌법 제9조를 개정하는 일은 문화국가를 향한 시대적 과제이다. 문화국가는 시민의 관심과 참여로 자란다. 사회공동체의 합의로서 문화적 규범을 새롭게 정립하고 이를 통해 시민들의 행복한 삶을 보장하는 문화국가의 이상이 현실에서 이루어지길 바란다.

국가는 문화의 보호와 발전을 위하여 노력하여야
한다. 그러나 문화적 창조는 국가적 강제로부터
자유로워야 한다.

블랙리스트가 있었다

헌법 정신과 문화의 가치를 다시 생각하다

초판 1쇄 인쇄 2018년 3월 23일
초판 1쇄 발행 2018년 3월 30일

지은이 김석현·정은영

펴낸이 연준혁
출판 9분사 분사장 김정희
편집 김경은
디자인 일상의실천

펴낸곳 (주)위즈덤하우스 미디어그룹 / 출판등록 2000년 5월 23일 제13-1071호
주소 (410-380)경기도 고양시 일산동구 정발산로 43-20 센트럴프라자 6층
전화 (031)936-4000 팩스 (031)903-3895 / 홈페이지 www.wisdomhouse.co.kr

값 16,000원
ISBN 979-11-6220-329-3 03300

이 도서의 국립중앙도서관 출판시도서목록(CIP)은 서지정보유통지원시스템 홈페이지(http://seoji.nl.go.kr)와
국가자료공동목록시스템(http://www.nl.go.kr/kolisner)에서 이용하실 수 있습니다.(CIP 제어번호 : CIP2018007952)